W0219558

SV

Band 280 der Bibliothek Suhrkamp

James Joyce

Briefe an Nora

Herausgegeben
und mit einem Vorwort versehen
von Fritz Senn

Suhrkamp Verlag

Die Briefe an und von Nora, dem Band 5, Briefe I und dem Band 6, Briefe II der Frankfurter Ausgabe der Werke von James Joyce entnommen, wurden von Kurt Heinrich Hansen übersetzt; zwei neu aufgenommene Briefe übersetzte Fritz Senn. Die Anmerkungen wurden auf Grund der Frankfurter Ausgabe für diesen Band besonders zusammengestellt.

Sechstes und siebentes Tausend 1979.
© der deutschen Ausgabe Suhrkamp Verlag Frankfurt am Main 1971.
Alle Rechte vorbehalten.
Aus: Letters of James Joyce I/II/III 1957/1966, Faber & Faber, London.
Band II/III Copyright © 1966 by F. Lionel Monro as Administrator of the Estate of James Joyce.
Druck: Nomos Verlagsgesellschaft, Baden-Baden.
Printed in Germany.

Vorwort

Die etwa sechzig Briefe von Joyce an Nora, die erhalten geblieben sind, nehmen zusammen mit dem guten Dutzend, das sie ihm schrieb, im gesamten Briefwechsel einen kleinen Platz ein und beschränken sich zudem auf wenige kurze Zeitspannen. Ein paar weitere werden wohl noch entdeckt werden und sich gelegentlich in den großen Sammlungen einfinden, und dazu warten wir noch auf die Freigabe einiger bekannter Briefe – viele werden es aber im günstigsten Fall nicht mehr sein. Das liegt daran, daß eine Voraussetzung des Briefschreibens, die räumliche Trennung, im Verlauf einer siebenunddreißigjährigen Gemeinsamkeit in Dublin, Pola, Triest, Zürich, Paris und auf vielen Reisen selten genug vorkam. Aber gerade in diesen Ausnahmesituationen tritt Joyces Verhältnis zu Nora am deutlichsten zutage: manche der Briefe gehören zu den intimsten Zeugnissen, die wir von Joyce haben.

Wer sich durch etwas Außergewöhnliches hervortut, und zumal wer Leistungen aufweist, die wir der Kultur zurechnen, wird dadurch mit all seinen Lebensumständen zum öffentlichen Eigentum, ob er es nun will oder nicht. Es scheint, daß Joyce das nicht so sehr nicht gewollt hat, wie man es bei seiner gegen Fremde und Freunde zurückhaltenden Art eigentlich vermuten möchte. Zunächst verstehen wir schon sein Werk, mit seinen extremen Verhüllungen und Enthüllungen, gerne *auch* als eine große Konfession mit eigenartig narzißtischen Verstrickungen. Es ist verlockend, dieses Werk gerade von biographischen Fakten her anzugehen, und leicht, die vielen Querverbindungen zu dokumentieren. Wir beschäftigen uns immer noch damit, herauszubringen, wie, und inwiefern, Stephen Dedalus von James Joyce abhängt; ihre Lehrjahre verlaufen mindestens äußerlich parallel. Jede schriftliche Äußerung von Joyce vermag etwas zu erhellen, was einer reineren Betrachtung der Texte allein entgehen könnte. Von da her gesehen, wird jeder Brief potentiell zu einem Schlüssel, neben all den andern, die schon gebraucht oder als untauglich zurückgewiesen wurden; zudem öffnet sich darin auch ein Fenster in das Seelenleben, das zu kennen wir uns ohnehin ein Recht herausnehmen.

Je weiter der Leser nun aber in einen intimen, nicht für ihn bestimmten Bereich Einsicht bekommt, desto unbehaglicher mag ihm bei seinem Voyeurismus zumute sein. Allerdings scheint Joyce zu privaten Einblicken herauszufordern: ihm ging es darum, in einer enzyklopädischen Besessenheit die Gesamtheit zu erfassen und zu umfassen. Ihn selbst um einiger Peinlichkeiten willen davon auszusparen, wäre ein unangemessene Zimperlichkeit. Da Joyce, in der Art wie er lebte, sich als die wichtigste Anmerkung zu seinem Werk oft geradezu aufdrängt, können wir es uns kaum leisten, auf ein Dokument zu verzichten. Daß einige dieser Dokumente überhaupt noch bestehen, daß ihre durchaus mögliche Vernichtung von Joyce weder versucht noch angeordnet wurde, deutet zudem darauf hin, daß ihre Veröffentlichung von ihm nicht ganz ausgeschlossen wurde.

Der Schöpfer von Leopold Bloom und von Molly Bloom brauchte sich zum mindesten nicht zu verwundern, wenn Neugierige es nun darauf anlegen, ihrerseits »sein Privatleinen zu poblitizieren« oder »seine untersten Hosen an die Öffentlichkeit zu wringen« (*Anna Livia Plurabelle,* Frankfurt, S. 67 u. 101). Freilich läßt sich das Prinzip der Offenheit, das der Veröffentlichung zugrunde liegt, aus äußeren Gründen nicht durchführen. Zwei obszöne Briefe an Nora von 1909, die bekannt und von der Forschung schon benutzt worden sind, fehlen in dieser Sammlung. Ihre Aufnahme lag nicht im Ermessen des Herausgebers, sie sind von der Familie und den Verwaltern des Nachlasses nicht freigegeben. Es handelt sich bei den zwei Briefen und einer Anzahl von ausgelassenen Stellen (in den Anmerkungen ist der Umfang der Auslassungen angedeutet) um erotische, masturbatorische Erinnerungen, Beschreibungen und Aufforderungen von ganz bestimmter Färbung. Noras Entgegnungen, offenbar im selben Stil verfaßt, sind nie aufgefunden worden. Veröffentlicht würden diese Briefe natürlich, durch die besondere Beachtung und fast unvermeidbare Loslösung vom Ganzen, ein schiefes Bild verbreiten. Ihre Auslassung andererseits verzerrt das Bild ebenfalls und erschwert die Untersuchung auf dem Gebiet sexueller Eigenarten und Störungen. Doch selbst ohne die Zuspitzung der Konflikte, die in den zwei Briefen enthalten sind, bleibt dem analytischen Spürsinn in den vorhandenen ein dankbares Feld.

James Joyce war 22 Jahre alt, so alt wie Stephen Dedalus im *Ulysses*, als er im Sommer 1904 Nora Barnacle kennenlernte. Bis dahin war er seiner Umgebung durch abseitiges, unabhängiges, oft arrogantes Gebaren aufgefallen und hatte ein Künstlertum zur Schau gestellt, für das die Beweise noch zu erbringen waren. Einige Gedichte zwar hatte er schon herumgezeigt, die von Literaten wohlwollend gelobt wurden, doch in einem Land, wo sich außergewöhnliche Begabung im Ausdruck allzu oft in seichten Versen erschöpft, besondere Beachtung weder erregten noch verdienten (und erst als Anknüpfungen der Fäden, die in den Prosawerken zusammenlaufen, bedeutend werden). Er hatte sich zu literarischen und ästhetischen Fragen in Vorträgen und Pamphleten geäußert und dabei die Zeitgenossen, die ihn hörten, vor den Kopf gestoßen. Im Juni 1904 versuchte er, das Rätsel Shakespeare durch die brillanten Züge seiner biographieorientierten Theorie zu bereichern. In den »Epiphanien«, in den in Worte gefaßten Dubliner Momentaufnahmen, hatte er in Alltäglichkeiten Erkenntnisse aufblitzen zu lassen versucht, aber diese Prosaskizzen konnten so wenig wie die dünnen Gedichte die überheblichen Ansprüche des angehenden Künstlers rechtfertigen. Ein Roman, der im Entstehen war, handelte vom Heranwachsen eines Jünglings zu einem Künstler mit ebendiesen Ansprüchen.

Es war einfach, den angehenden »Dichter« nicht ganz ernst zu nehmen. Er selber glaubte an sich. Talent wurde ihm zuerkannt, sein Bruder notierte ins Tagebuch, daß Jim »ein Genie ersten Ranges« sei.

Von seiner Familie hatte er sich abgesetzt; er kam meistens bei Bekannten unter, die er auch immer wieder um kleinere Summen anging. Er hatte längst entschieden, daß ihn weder Familie noch Vaterland zurückhalten oder einschränken sollte. Er wußte, daß Wegbereiter in ihrer Heimat nicht gut ankommen und nicht auf Verständnis zählen dürfen, und Joyce verglich sich ohne falsche Bescheidenheit mit Dädalos, Jesus Christus, Charles Stewart Parnell oder Ibsen. In sein Schicksal hatte er den zu erwartenden Verrat an ihm und die Verbannung schon eingeplant. Er war bereit, nach Europa auszubrechen, wohin sich auch die junge nationale Literatur zu richten hätte, um sich über ihre provinzielle Enge zu erheben. In den Geschichten der *Dubliner* hielt er die Hoffnungslosigkeit von Figuren fest, die es nicht gewagt hatten, selbst daraus auszubrechen – auf dädalischen Schwingen oder durch ehrsame Beschäftigung im Ausland.

In diese Zeit nun fällt die Begegnung mit Nora, der Beginn einer Liebschaft, der ersten, die nicht in Paris oder in Dublins »Nighttown« für Geld zu haben war. In ihrer Wucht nahm sie Joyce etwas von seiner dedalusschen Pose, und sie hatte Bestand.

In der »definitiven« Biographie, die Herbert Gorman mit der Genehmigung und wohl auch leichten Lenkung von Joyce herausbrachte, erhielt vermutlich auch die leicht stilisierte Schilderung des Vorfalls das Plazet: »Im Frühsommer, am 10. Juni, widerfuhr dem jungen Manne etwas, was von großer Bedeutung für ihn werden sollte, etwas, das ihn vorerst sogar das Schreiben vergessen ließ. Er wurde mit Nora Joseph Barnacle bekannt, einer entzückenden jungen Frau aus Galway mit kastanienbraunem Haar, die erst vor kurzem in den summenden Bienenkorb Dublins gekommen war, um sich dort ihren Lebensunterhalt zu verdienen. Sie war weder literarisch interessiert noch, wie es schien, darauf vorbereitet, die Launen und das Temperament eines Künstlers zu zügeln; aber ihre Frische, ihr Humor, ihre Fähigkeit sich zu freuen und ihre große Aufrichtigkeit faszinierten Joyce, und es dauerte nicht lange, bis er Hals über Kopf in sie verliebt war. Und sie fühlte sich hingezogen zu dem Schriftsteller mit der aufrechten Haltung und den blauen Augen, zu diesem Manne, der immer so anmaßend und selbstsicher auftrat, und erwiderte seine Liebe, ohne zu wissen, auf welches unabsehbare Abenteuer sie sich da einließ. Mit dieser Begegnung erfuhr Joyce's Leben eine entscheidende Wendung. Die Trinkstuben des nächtlichen Dublin bekamen ihn nicht mehr zu sehen, er lebte auch nicht mehr in den Tag hinein. Er hatte seinen zweiundzwanzigsten Geburtstag hinter sich, und das ernste Geschäft des Lebens, die schwierige Aufgabe, in einer Welt leben zu müssen, die dem Künstler keine Hilfe bot, tauchte vor ihm auf wie ein böser Geist aus *Tausendundeiner Nacht.«* (Herbert Gorman, *James Joyce, sein Leben und sein Werk*, Hamburg 1957, S. 133-4)

Zwanzig Jahre später war es möglich, viel mehr Einzelheiten zusammenzutragen, und Richard Ellmanns Darstellung ist ausführlicher und distanzierter:

Am 10. Juni 1904 spazierte Joyce »die Nassau Street in Dublin hinunter, als er plötzlich einer großen jungen Frau ansichtig wurde, die kastanienbraunes Haar und einen stolzen Gang hatte. Als er sie ansprach, antwortete sie gerade so schnippisch, daß ein Gespräch angeknüpft werden konnte. In einer Segelmütze hielt sie ihn für einen Matrosen und dachte wegen seiner blauen Augen einen Augenblick, er könnte Schwede sein. Joyce erfuhr, daß sie in Finn's Hotel angestellt war, einem etwas hochtrabenden Logierhaus. Ihre trällernde Sprechweise verriet ihm, daß sie aus Galway stammte. Ihr Name war etwas seltsam: Nora Barnacle, aber auch er mochte ein Vorzeichen für eine glückliche Bindung bedeuten. (Joyces Vater sagte, als er viel später erfuhr, daß ihr Zuname Barnacle laute: ›Sie wird ihn nie verlassen‹. [*barnacle* = Zwicker, Kneifer]). Nach kurzem Gespräch kam man überein, sich vor dem Hause Sir William Wildes an der Ecke des Merrion Square am 14. Juni zu treffen. Aber Nora Barnacle erschien nicht, und Joyce schickte ihr ziemlich verzagt ein Briefchen [vom 15. Juni, s. S. 37].

Das Stelldichein wurde gewährt am Abend des 16. Juni. Sie gingen in Ringsend spazieren und trafen sich von da an regelmäßig. Den *Ulysses* an diesem Datum spielen zu lassen war Joyces beredsamster, wenn auch indirekter Tribut an Nora, eine Anerkennung der bestimmenden Wirkung, die seine Verbindung mit ihr auf sein Leben ausübte. An diesem 16. Juni trat er mit seiner Umwelt in Beziehung und ließ die Einsamkeit, die er seit dem Tod seiner Mutter verspürt hatte, hinter sich zurück. Später sagte er ihr dann: ›Du hast mich zum Manne gemacht.‹ Der 16. Juni war der geheiligte Tag, der Stephen Dedalus, den rebellischen Jüngling, von Leopold Bloom, dem nachgiebigen Gatten, trennte.

Jedem anderen Schriftsteller der Zeit wäre Nora Barnacle alltäglich und durchschnittlich vorgekommen. Joyce, mit seinem Bedürfnis, das Bemerkenswerte im Alltäglichen zu suchen, fand, sie sei nichts dergleichen. Sie hatte nur Primarschulbildung, sie hatte kein Verständnis für Literatur und weder Begabung noch Interesse an Selbstbeobachtung. Aber sie verfügte über reichlich Witz und Geist und eine Befähigung zu kurzer und bündiger Ausdrucksweise, die jener von Stephen Dedalus in keiner Weise nachstand. Neben einem koketten Zug trug sie eine Miene abgesonderter Unschuld zur Schau, und wenn auch ihre Treue immer ein wenig mit Spott vermischt war, so blieb sie nichtsdestoweniger beständig. Sie konnte keine intellektuelle Gefährtin sein, aber darum kümmerte sich Joyce nicht. Seine Landsleute Yeats und Lady Gregory mochten von symbolischen Ehen des Künstlers mit dem Landvolk plappern, hier handelte es sich um eine lebendige Verbindung. Da sie reiner als er war, konnte sie seine Litaneien anhören und besser noch seine Beichten.

Nora Barnacles Schlichtheit schien etwas zu sein, was sich nur an einem ländlicheren Ort als Dublin entwikkeln konnte. Sie war vor etwa sechs Monaten aus Galway City gekommen. Ihr Vater war Bäcker, und seine große Familie lebte dauernd in Armut, da auch er ein schwerer Trinker war. Als Nora fünfjährig war, schickte sie ihre Mutter, die von lauter kleinen Kindern umgeben und wieder einmal schwanger war, zu einer Großmutter auf Nun's Island. Sie sollte nach der Entbindung zurückkommen; als aber die Großmutter sich anerbot, sie bei sich zu behalten, dauerte der Aufenthalt an. Ihre Mutter lebte schließlich vom Vater getrennt, und ihre Onkel mütterlicherseits übernahmen einen Teil der Verantwortung für ihre Pflege und Erziehung. Bis sie fast dreizehn war, besuchte Nora die

Klosterschule der Barmherzigen Schwestern und ging dann als Pförtnerin ins Presentation Convent in Galway City arbeiten. Ihre engste Freundin in Galway war Mary O'Holleran, die einen Bericht über Noras Jugendjahre diktierte:

> ...Nora kannte einen andern Jungen den sie sehr gern hatte er hieß Michael (Sonny) Bodkin und ging ans Universarty College hier er war ein sehr hübscher junger Mann mit einem schönen Kopf und schwarzem gewelltem Haar er war ein großer Bewunderer Noras aber sie war zu jung und hatte Angst davor mit den Jungens gesehen zu werden. Wir gingen oft in den Laden seines Vaters und kauften für einen Penny Bonbons die flachen mit Sprüchlein drauf (wie zum Beispiel Ich liebe dich und werde dich heute abend treffen). Sonny Bodkin starb sehr jung.
>
> Einige Zeit später traf Nora Willie Mulvey sie traf ihn einfach auf der Brücke er fragte sie ob sie ihn treffen wolle und Nora fragte mich Mary was soll ich tun. Ich sagte ihr sie solle mit ihm gehen dann fragte sie mich was ich tun würde. Ich sagte ich würde auf sie warten und in die Abbey Church sitzen und warten denn man glaubte wir seien zusammen ausgegangen und wir mußten vor 10 Uhr nachts zu Hause sein sonst kriegte sie eine Tracht Prügel. Sie hatte Angst vor ihrem Onkel Tommy Healy da er mit seinem Spazierstock in der Stadt sein würde und Nora beobachten könne er pfiff immer eine Melodie vor sich hin (My Mountain Maid Arise). Er konnte gut pfeifen und singen Nora hatte schrecklich Angst vor ihm. Da ich mich nicht sehen zu lassen wagte bis

sie zurück war mußte ich in der Abbey Church bleiben bis sie kam und hatte dann eine große Schachtel Schokolade und leerte sie auf den Tisch in meinem Hause aus und teilte sie mit uns allen. Nora traf mich jeweils in der Abbey Church nachdem sie Willie verließ und wir gingen zusammen nach Hause und freuten uns an den Süßigkeiten.
Eines Nachts wurde dann die arme Nora von Onkel Tommy erwischt er ging ihr nach bis sie nach Hause kam und gab ihr eine fürchterliche Tracht Prügel. In der Woche drauf fuhr sie nach Dublin ab sie schrieb mir einmal von Dublin aus und sagte: Meine alte Freundin hier bin ich nun in Dublin aber mein Onkel Tommy kann mir nicht mehr nachgehen. Sie war sechs Monate in Dublin gewesen als sie zu einem Besuch nach Hause kam. Dann ging sie wieder fort und schrieb sieben Jahre lang nie mehr nach Hause ...

Das also war die junge Frau aus Galway, hübsch, lebhaft, keck und ungeschult, die in kurzer Zeit einem der feinsinnigsten Geister des Jahrhunderts angetraut wurde. Später bemerkte sie einmal zu Maria Jolas: ›Du kannst dir nicht vorstellen, wie es für mich war, in das Leben dieses Mannes geschleudert zu werden.‹ Ihre unmittelbare Reaktion auf ihn war aber nicht kopflos, sondern selbstbeherrscht ...

Joyces vertrautester Freund, Vincent Cosgrave, ... tat sein möglichstes, um Joyce Nora auszuspannen, sagte ihr, Joyces Liebe werde nicht von Dauer sein, und der Mann sei ohnehin verrückt ... Doch Nora schenkte dem kaum Aufmerksamkeit, und Cosgrave fühlte sich in seiner Rolle des erfolglosen Rivalen gedemütigt. ›Armer Cosgrave!‹ sagte Nora zu James, war aber doch von dieser zweiten Eroberung nicht ganz unbefriedigt. Diese Schmeichelei ließ Joyces Zuneigung aufblühen, und er fühlte sich in seinem Glauben bestätigt, sie habe eine ganz außergewöhnliche Seele.« (Richard Ellmann, *James Joyce*, Zürich o. D., Suhrkamp Verlag Frankfurt S. 167–171)

Der Bruder Stanislaus Joyce war ein kritischer und oft ungehaltener Zeuge. In seinem *Dubliner Tagebuch* (nach seinem Tod veröffentlicht) fallen nur ein paar skeptische Schlaglichter auf Nora: »Allerdings unternimmt er [James] auch Nachtpromenaden mit Miss Barnacle, und küßt sie ab, während sie ihn ›Schatzi‹ nennt; ob er schon kein kaufmännischer Angestellter ist. ... Miss Barnacle hat eine sehr nette Art; aber der Ausdruck ihres Gesichts will mich ein klein wenig gewöhnlich bedünken. Ihr Haar ist prachtvoll.« (13. August 1904, *Dubliner Tagebuch*, Frankfurt 1964, S. 87, 89) Am 31. Juli findet er: »Nie noch sah ich Jim ein Verhältnis so kümmerlich managen, wie zur Zeit sein Verhältnis mit Miss Barnacle« (S. 110).

Das Verhältnis gedieh auf alle Fälle rasch, wie es die erste zusammenhängende Reihe der Briefe vom Sommer 1904 belegt, bis zu jenem Punkt, wo Nora mit Zuversicht den viel versprechenden Schriftsteller in ein ihr gänzlich unbekanntes Europa begleitete. Am 8. Oktober bestiegen sie im North Wall von Dublin, von wo aus die meisten Iren nach Westen ausgewandert waren, das Schiff nach England und begaben sich auf den Weg über Paris nach Zürich. Ohne Mittel, nur mit der trügerischen Aussicht auf eine Anstellung in der Schweiz, aber mit viel Selbstvertrauen machte sich

Joyce zu seiner unruhevollen jahrelangen Odyssee auf. Seine Penelope nahm er gleich mit auf den Weg. Sie blieb ihm auf allen Irrfahrten bei der Seite, auch ohne priesterliche oder amtliche Trauung – zu dieser Konzession war Joyce erst 1931 bereit.

In der häuslichen Wirklichkeit von Pola und Triest, wo sich die beiden niederließen und Joyce durch Sprachunterricht mühsam genug für ihren Unterhalt sorgte, unterscheidet sich ihr Zusammenleben kaum von einer gewöhnlichen, etwas eilig geschlossenen Ehe. Anpassungsschwierigkeiten und die Aufdringlichkeit materieller Nöte finden in den Briefen an Stanislaus von 1905 und 1906 immer wieder Ausdruck. Eine Notiz, die Joyce Nora in einem Kaffee zugesteckt zu haben scheint (s. S. 59), läßt auf Unstimmigkeiten schließen. In den (meist pekuniären) Lageberichten an Stanislaus sind Joyces Schwankungen festgehalten. Nora hat ihm aus ihrer Jugend erzählt:

»Noras Vater ist Bäcker. Sie sind sieben in der Familie. Papa hatte einen Laden, aber vertrank all die Brötchen und Brote wie ein rechter Mann. Die Familie der Mutter ist ›fein‹ und [...] schaltete sich ein. Papa wurde ausgestoßen. Onkel Michael sorgt für Mrs. und die Kinder, während Papa in einer abgelegenen Gegend von Connacht bäckt und trinkt. Onkel M. ist sehr reich. Papa wird von der Familie mit großer Verachtung behandelt. Nora sagt, ihre Mutter wollte mit ihm nicht ins Bett. Nora hat nicht zu Hause gelebt sondern bei ihrer Großmutter, die ihr etwas Geld hinterlassen hat.

Sie hat mir einiges aus ihrer Jugend erzählt und gibt zu, der edlen Kunst der Selbstbefriedigung gefrönt zu haben. Sie hat viele Liebesgeschichten erlebt, eine, als sie ziemlich jung war, mit einem Jungen, der starb. Sie mußte das Bett hüten bei der Nachricht von seinem Tod. Ihre Onkel sind ehrenwerte Männer, wie Du hören wirst. Als sie sechzehn war, fand ein Hilfsgeistlicher in Galway Gefallen an ihr: Tee im Pfarrhaus, Plauderstündchen, Vertraulichkeit. Er war ein netter junger Mann mit schwarzen, lockigen Haaren auf dem Kopf. Eines Abends bei Tee nahm er sie auf seinen Schoß und sagte, er hätte sie gern, sie wäre ein nettes kleines Mädchen. Dann faßte er sie unters Kleid, das ziemlich kurz war. Sie aber, so höre ich, rannte davon. Hinterher sagte er ihr, sie solle in der Beichte sagen, es sei ein Mann gewesen, nicht ein Priester, der ihr ›das‹ angetan. Nützliche Unterscheidung. Sie verkehrte mit Mulvey (er war Protestant) und ging mit ihm gelegentlich spazieren. Sagt, sie hätte ihn nicht geliebt und ging nur aus Zeitvertreib mit. Stieß zu Hause auf Widerstand, und das weckte ihren Trotz. Ihr Onkel kam ihr auf die Schliche. Jeden Abend war er vor ihr zu Hause. ›Na, mein Kind, warst wieder mit deinem Protestanten aus.‹ Verbot ihr, auszugehen. Sie ging. Als sie nach Hause kam, war Onkel schon da. Ihre Mutter wurde aus dem Zimmer geschickt (Papa war natürlich nicht da) und Onkel machte sich daran, sie mit einem dicken Spazierstock zu verdreschen. Sie stürzte fast ohnmächtig zu Boden und umklammerte seine Knie. Damals war sie neunzehn! Hübsche kleine Geschichte, was?« (3. Dezember 1904, *Briefe I*, S. 168-9)

Am 28. Dezember schreibt er: »Ich bin neuerdings sehr reizbar. Nora sagt, ich hätte das Gesicht eines Heiligen. Ich selbst finde, ich habe das Gesicht eines Wüstlings. Aber das bin ich nicht mehr – wenigstens glaube ich, es nicht mehr zu sein. ... Wir haben Streitereien gehabt – komische Affären. Nora sagt, das wären die Streitereien eines Liebespaars, und sagt, ich wäre sehr kindisch. Sie sagt, ich hätte einen wundervollen Charakter. Sie nennt mich den einfältigen Jim. Complimenti, Signor!« (S. 173)

Etwas später verteidigt er Nora gegen Vorwürfe, die letztlich wohl nicht von seinem Bruder allein erhoben worden waren: »Du bist hart mit Nora, weil sie einen unausgebildeten Verstand hat. Sie lernt augenblicklich Französisch – sehr langsam. Sie ist von Natur aus, wie ich es sehe, viel nobler als ich, auch ist ihre Liebe größer als meine zu ihr. Ich bewundere sie und ich liebe sie und ich vertraue ihr – ich kann nicht sagen, wie sehr. Ich vertraue ihr. Damit genug.« (S. 181)

Am eingehendsten schildert er die Lage am 12. Juli 1905, zwei Wochen vor der Geburt des Sohnes Giorgio: »Nora klagt fast nur. Sie kann nur wenige von den wässrigen italienischen Gerichten essen, und was sie auch ißt, sie bekommt davon Schmerzen in der Brust. Sie trinkt Bier, aber schon von der geringsten Kleinigkeit wird ihr übel. ... Ich fürchte, sie hat keine sehr robuste Konstitution. Ja, ihre Gesundheit läßt zu wünschen übrig. Aber darüber hinaus, fürchte ich, ist sie eine von den Pflanzen, die man nicht ohne Schaden verpflanzen kann. Sie weint ständig. Ich glaube nicht, daß sie mit ihrer Familie noch viel zu tun haben möchte, aber ich bin überzeugt (das sind ihre eigenen Worte), daß sie dieses Leben mit mir nicht mehr lange fortführen kann. Sie hat außer mir niemanden, mit dem sie reden kann, und das ist, lassen wir das heroische

Moment dabei außer acht, nicht gut für eine Frau. Manchmal, wenn wir zusammen aus sind (mit dem anderen ›Englisch-Professor‹), redet sie den ganzen Abend kein Wort. Sie scheint mir in Gefahr, in Schwermut zu verfallen, was ihrer Gesundheit sicherlich sehr abträglich wäre. Ich weiß nicht, was für ein seltsam verdrossenes Geschöpf sie nach all ihren Tränen zur Welt bringen wird, und ich beginne mich sogar zu fragen, ob die Namen, die ich ausgesucht hatte (›George‹ und ›Lucy‹), überhaupt passen ... Ich fragte sie heute, ob sie gern ein Kind für mich aufziehen würde, und sie sagte sehr überzeugend ja, aber in meiner augenblicklichen Situation möchte ich sie nicht gern mit einer Familie belasten. Sie kennt sich selbst in den alltäglichsten Dingen sehr wenig aus, und sie weint, weil sie das Zeug für das Kind nicht machen kann, obwohl Tante Josephine ihr die Muster geschickt hat und ich ihr den Stoff gekauft habe. Ich habe weder die Zeit noch die Geduld, darüber zu theoretisieren, was der Staat in solchen Fällen tun sollte ...

... ehrlich gesagt sehe ich für sie keine Möglichkeit, glücklich zu sein, so lange sie dieses Leben hier fortführt. Du weißt natürlich, was für eine hohe Meinung ich von ihr habe, und Du weißt, wie gelassen sie unsere Freunde an dem Abend, als sie mit uns zum North Wall kam, Lügen strafte. Ich glaube, um ihre Gesundheit und ihr Glück wäre es viel besser bestellt, wenn sie ein Leben führte, das ihrem Wesen gemäßer wäre, und ich halte es nicht für angebracht, mich zu beklagen, wenn das verquere Phänomen ›Liebe‹ selbst in ein so egoistisch ausgerichtetes Leben wie meins Unruhe bringen sollte. Das Kind ist ein Teil des Problems, der dabei nicht vergessen werden darf. Du weißt, ich nehme an, daß Nora zu keiner der Verstellungen imstande ist, die heute als Moral gelten, und die Tatsache, daß sie hier unglücklich ist, erklärt sich daraus, daß sie wirklich sehr hilflos und unfähig ist, mit Schwierigkeiten irgendwelcher Art fertig zu werden ... Ich habe mich ihr gewiß mehr als je irgendeinem anderen unterworfen, und ich glaube, ich hätte diesen Brief nie angefangen, wenn sie mich nicht dazu ermutigt hätte. Das Zusammenleben mit ihr hat bis jetzt bewirkt, daß meine angeborene Fröhlichkeit und Verantwortungslosigkeit zum großen Teil zerstört (oder besser abgeschwächt) wurden, aber ich glaube nicht, daß diese Wirkung unter anderen Umständen anhalten würde. Für eine Seite meiner Natur hat sie überhaupt kein Verständnis und wird es auch nie haben, und doch, einmal, als wir einen Abend grauenhafter Melancholie miteinander verbrachten, zitierte sie (allerdings falsch) eins meiner Gedichte, das anfängt: ›O, sweetheart, hear your lover's tale‹. Daraufhin hatte ich zum ersten Mal seit neun Monaten das Gefühl, daß ich ein wahrer Dichter sei. Manchmal ist sie sehr glücklich und fröhlich, und ich, der ich immer weniger romantisch werde, wünsche mir kein solches Ende für unser Liebesverhältnis wie jenes Bad im Serpentinen-Teich. Gleichzeitig möchte ich es, wenn irgend menschenmöglich, vermeiden, daß jenes scheußliche, von Tante Josephine ›gegenseitige Duldsamkeit‹ genannte Gespenst in unser Leben tritt. Wirklich, jetzt wo ich tief in diesem Brief hier stecke, fühle ich mich wieder voller Hoffnung, und mir scheint, wir könnten vielleicht, wenn wir auf unsere Eigenheiten gegenseitig Rücksicht nehmen, glücklich miteinander leben. Aber dieses absurde Leben augenblicklich kann für keinen von uns länger so weitergehen.« (S. 204–8)

Gegen Ende 1905 scheint ein Tiefpunkt erreicht. Seiner Tante Josephine in Dublin gesteht Joyce die Absicht, Nora zu verlassen. »Ich habe lange gezögert, Dir zu sagen, daß sich vermutlich in der augenblicklichen Beziehung zwischen Nora und mir etwas ändern wird. Ich sage es jetzt auch nur deswegen, weil ich mir überlegt habe, daß Du jemand bist, der das Thema wohl kaum mit anderen besprechen wird. Es ist möglich, daß ich selbst zum Teil schuld bin, wenn eine solche Veränderung, wie ich sie vorauszusehen glaube, stattfindet, aber sie wird kaum durch mein Verschulden allein stattfinden. Ich muß sagen, es ist für eine Frau schwer, mit jemandem wie mir fertigzuwerden, aber andererseits habe ich nicht die Absicht mich zu ändern. Nora scheint zwischen mir und den anderen Männern, die sie gekannt hat, keinen großen Unterschied zu machen, und ich glaube kaum, daß sie dazu ein Recht hat. Ich bin nicht gerade ein Haustier – schließlich bin ich, wie ich meine, Künstler – und manchmal, wenn ich an das freie und glückliche Leben denke, das zu führen ich alles Talent habe (oder hatte), gerate ich in Verzweiflung. Gleichzeitig beabsichtige ich nicht, mit den Scheußlichkeiten des durchschnittlichen Ehemannes zu rivalisieren, und darum werde ich warten, bis ich meinen Weg deutlicher vor mir sehe. Ich nehme an, Du schüttelst jetzt den Kopf ob meiner Kaltherzigkeit, welches wahrscheinlich nur das falsche Wort ist für einen bestimmten geistigen oder gefühlsmäßigen Scharfblick. Ich glaube kaum, daß die Tausende von Familien, die nur mühsam durch die Erinnerung abgestorbener Gefühle zusammengehalten werden, viel Recht haben, mich der Unmenschlichkeit zu zeihen. Um die Wahrheit zu sagen, ich bin es trotz meines auf der Hand liegenden Egoismus ein wenig leid, auf andere Leute Rücksicht zu nehmen.« (4. Dezember 1905, S. 257-8)

Die beiden gingen jedenfalls nicht auseinander, und wenn fortan der Gedanke einer Trennung auftaucht, so geht er von Nora aus und Joyce gibt sich in der Rolle des Demütigen, der keine bessere Behandlung verdient. Diese und andere Rollen, wie die bereits vorgezeichneten des Wüstlings und des Heiligen (diese meist auf Nora projiziert), hat Joyce ausgiebig Gelegenheit durchzuspielen im Wiederausbruch der Leidenschaft, die seine Reise nach Dublin im Sommer 1909 mit sich brachte. Die intensivsten Pendelausschläge sind in den Briefen festgehalten, die den Hauptteil dieser Sammlung bilden.

Dann aber klingt es ab, und abgesehen von dem einzigen Brief von 1922, der eine Krise und einen Rückfall andeutet, wirft das Verhältnis keine großen emotionellen Wellen mehr. In den nächsten Jahren ließ sich Joyce mindestens zweimal von Nora ablenken. Die schriftlichen Zeugnisse beider Episoden – die Vignetten des Heftes, das postum herausgegeben *Giacomo Joyce* genannt wurde, und die seltsamen Briefe an Martha Fleischmann in Zürich von 1918/9 – runden das Bild des ungelenken Liebhabers Joyce noch ab. Mit Nora aber blieb er zusammen.

In seiner Ästhetik, die immerhin Auffassungen aus einer von Joyces Phasen enthält, greift Stephen Dedalus einmal zu einer Formulierung, die vom zentralen Vorgang in der katholischen Messe bestimmt, aber auch von alchimistischen Vorstellungen mitgeprägt ist. Der Künstler, »ein Priester der ewigen Imagination«, wandelt »das tägliche Brot der Erfahrung in den strahlenden Leib des unvergänglichen Lebens«. Auf solcherart Umwandlung (Joyce braucht den beinahe technischen Ausdruck »transmutieren«) läßt sich, wenn wir wollen, das Werk von *Dubliners* bis zu *Finnegans Wake* untersuchen, und dazu verleiten gerade alle erhaltenen Briefe ganz besonders. Der Nachweis von Wechselbeziehungen kommt natürlich nicht einem Verständnis des Werks gleich, und es besteht immer die Gefahr, in einen geschlossenen Kreislauf gegenseitiger Bespiegelung von Leben und Werk hineinzugeraten, der über das Wesentliche dieses Werks, das so ganz aufs Wort abstellt und auch ohne jeden biographischen Bezug erfaßt werden kann, nichts auszusagen vermag.

Sicher braucht Joyce das tägliche Brot der Erfahrung als Ausgangspunkt. Seine Erfahrung war, in der Hauptsache, das Dublin, in dem er aufwuchs, und seine Familie. Die Allgegenwart des Substrats Dublin hat Leser zum Dogma angeregt, daß man sich ohne Kenntnis der Urerfahrung Dublins der Jahrhundertwende bei Joyce eigentlich nie ganz zurechtfinden wird. Die banale Alltäglichkeit des *Ulysses*, sofern sie *als* Alltag die Umsetzung überstand, gehört gerade in ihrer Einschließlichkeit zu den Vorstößen des Romans, die anfänglich befremdeten. Selbst im un(be)greiflichen Halbdunkel von *Finnegans Wake* bildet das Alltägliche noch einen, vielleicht den am schwersten zu erkennenden Bestandteil, und die privatesten Anspielungen entziehen sich uns fast ganz. Je mehr Rohstoff aus dem Alltag wir also beibringen können, desto eher, so ist zu hoffen, läßt sich vielleicht dem rätselhaften Vorgang auf die Spur kommen, der aus dem, was wir alle erleben, diesen gültigen strahlenden Leib schafft. Der Vorgang wird dadurch nicht erklärt, aber der Vergleich des Rohmaterials mit dem geistigen Produkt läßt vielleicht ein paar Schlüsse über die Destillation selbst zu. Möglicherweise ist es nicht zufällig, daß die allererste erzählende Prosa von Joyce, die 1904 entstandene Geschichte »Die Schwestern«, Begriffe aus der Destillation anführt, die dem Erzähler in Erinnerung geblieben sind: »In der ersten Zeit unserer Bekanntschaft war er noch ganz unterhaltsam gewesen, wenn er vom Entgeisten und Kühlen erzählte; aber ich war seiner und seiner endlosen Geschichten über die Brennerei bald überdrüssig geworden« (*Dubliner*, S. 7). Jede Art von Wandlung, bis hinauf zur Transsubstantiation, faszinierte Joyce, und die Frage, »wie macht er das?«, *wie* setzt der Künstler sein Material um, gehört zu den faszinierendsten und läßt uns immer wieder hoffnungsvoll in seine Werkstatt starren.

Briefinhalte kommen dem täglichen Rohstoff ziemlich nahe. Joyces Briefe sind wenig ausgefeilt, aber dennoch sind sie bereits Destillat, schon umgesetzt und in eine Form gebracht. Joyce bedient sich durchaus der traditionellen Form des Briefs, in seiner Korrespondenz bleibt er herkömmlich, beinahe stereotyp, er beschäftigt sich mit Gewöhnlichem, nicht mit Weltanschaulichem. Nur einmal, am 29. August 1904, öffnet er sich Nora über seine Herkunft und seine Aspirationen. Die meisten Briefe drehen sich eben um dieses Brot der täglichen Erfahrung. Die an seinen Bruder gerichteten erwähnen oft den Mangel dieses Brotes, ohne jede eucharistische Verklärung. Sie zeigen einen Haushalt auf, der so wenig aufgeräumt ist wie die Stimmungen seiner Bewohner und worin sich etwas von der Schlampigkeit findet, wie sie in Eccles Street Nr. 7 später geschildert wird.

Allmählich stellt sich bei Joyce neben das Bild vom täglichen Brot als Grundsubstanz ein weniger appetitliches vom täglichen Kot, das schon der Vollständigkeit wegen dazu gehört, einen Gegensatz abgibt und darüber hinaus als etwas gleichfalls Hervorgebrachtes in die Nähe des Schöpferischen rückt. Ein leicht exkrementaler Einschlag in *A Portrait of the Artist as a Young Man* trug zur Ablehnung durch Verleger und Drucker bei und verzögerte das Erscheinen. Im *Ulysses* haben die Ausscheidungsvorgänge des Körpers ihren Platz, Joyce zeigt auch die biologisch notwendige und für unser infantiles Seelenleben entscheidende Kehrseite. In *Finnegans Wake* nimmt diese Komponente eher noch zu, gleich am Anfang türmt sich als bedeutsame menschliche Errungenschaft »buildung supra buildung« (ein Haufen von Bauten, Bildung und Dünger); und die Epiphanie wird gelegentlich »culious«. Der widerwärtige Künstler-Scharlatan Shem bekleckst und beschreibt die Welt mit Tinte, die aus seinen Absonderungen hergestellt ist – das wird mit aller Deutlichkeit auf Lateinisch und indirekt auf mancherlei Weise gesagt. Das klingt heute nicht mehr so

ungewohnt oder unpraktiziert. Als Theorie (oder Analogie) für schöpferisches Tun tragen ungefähr das, nur mit ein wenig andern Worten, auch psychoanalytische Schulen vor (die in *Finnegans Wake* wiederum parodiert werden). Auch für die alchimistische Umwandlung des Unrats in Edleres oder Geistiges (Shem ist auch Alshemist) gibt es psychologische Erklärungen.
Nun lief schon die Auffassung von der Transmutation der Kunst nicht auf eine Verfeinerung in dem Sinn hinaus, daß alles als widerlich Empfundene im Bodensatz zurückbleibt und nur Schöngeistiges behutsam aufgefangen wird; diese Art der Läuterung wäre eine Verfälschung. Weggelassen wird, was nicht zu dem Durchscheinen beiträgt, das dem Geist zur kritischen Einsicht verhelfen kann, es geht nicht um Zensur oder Veredelung oder die Reinigung in der Kläranlage. Der Wassertropfen, den Joyce unters Mikroskop hält (um dieses Bild zu gebrauchen), soll alle biologischen und zivilisatorischen Ablagerungen aufweisen. Die rußige City wird zum Thema, mit Dreck und Kehricht und Gestank – und nicht einfach als etwas Häßliches und Abzulehnendes. Besungen wird längst nicht mehr der klare Bergbach, sondern die kleine, alte, schmutzige Anna Livia, die alles mitschwemmt, in deren »flüssernden Wassern«, deren »hinundherwissernden Wassern« auch unsere Abwässer mitplätschern, und jedes davon wüßte seine eigene Geschichte zu erzählen.
Auch in den Briefen wird allerlei Wäsche gewaschen, wird etwas von dem Kompost veranschaulicht, aus dem heraus die Kompositionen gedeihen konnten. Erst in den »verbotenen« Briefen und Stellen wird ganz deutlich, auf welcherart gedüngtem Boden etwa

die »schöne wilde Heckenblume«, die Ende 1909 in drei Briefen angerufen wird und die Joyce auch wieder in den *Verbannten* zum momentanen Blühen bringt, ursprünglich gewachsen ist. In den publizierten Briefen bleiben noch mancherlei Spuren zurück, vom Hang zum Koprophilen hat sich nur gerade ein einziger brauner Fleck erhalten, der uns, zusammen mit einer Vorliebe für Noras Unterkleider, an die Anziehung erinnern mag, die Mollys besudelte Unterhosen auf Leopold Bloom ausüben.

Der Umstand, daß bei Joyce der Abfall nichts Abfälliges zu sein braucht, läßt sich auch ökonomisch auffassen: es gibt nichts, was sich nicht wieder verwenden ließe. Wenig Erlebtes muß ausreichen, um viel zu erschaffen, es wird bis zum äußersten ausgenützt, als könnte es sich Joyce gar nicht leisten, auf irgend etwas, was abfällt, zu verzichten. *Ulysses* besteht zu einem großen Teil aus täglichen Belanglosigkeiten, die sonst in der Kunst unter den Tisch gewischt worden sind. Joyce hebt sie alle auf und erhebt sie zur Bedeutung. Nicht umsonst heißt das Pferd, das im großen Rennen von Ascot als Außenseiter Sieger wird, »Throwaway« – dieses Detail hat sich Joyce aus dem wirklichen Alltag des 16. Juni 1904 aufbewahrt. Assoziativ verknüpft damit ist ein Handzettel (auch »throwaway«), der zerknüllt und weggeworfen wird, aber den Propheten Elias ankündigt und sein halluzinatorisches Erscheinen auch vorbereitet. Wirklich weggeworfen wird bei Joyce nichts, sein kleiner Kosmos beruht auf Sparsamkeit und Wiederverwendung. Leopold Bloom versteht sich ebenfalls darauf; dem Kapitel, das ihn einführt (und worin er sich über den Nutzen von Dünger

Gedanken macht, den Abort aufsucht und dabei über literarische Produktion mit möglichem Gewinn nachsinnt), ist in der schematischen Struktur des Ganzen denn auch die »Ökonomie« als entsprechende »Kunst« zugeordnet. Sie ist ein Prinzip für den *Ulysses* und für das Werk überhaupt, am extremsten in *Finnegans Wake*, wo einem Minimum von Schriftzeichen ein Übermaß von Bedeutung aufgebürdet ist in der ökonomischsten Verdichtung, die wir kennen. In auffälligem Gegensatz zu seiner unbeherrschten Verschwendung von Geld geht Joyce mit dem, was ihm die Umwelt an Rohstoff für sein Werk bietet, mit peinlicher Sorgfalt um.

Das zeigt sich darin, daß Joyce in seinen Entwürfen nur wenig streicht, daß er immer davon hinzufügt, was er gewissenhaft gesammelt hat, daß er das, was er schon zugefügt hat, immer weiter ausspinnt. Bei ihm sprudelt es nicht einfach so von Einfällen, ihm geht, wie er einmal gestand, die Einbildungskraft ab. Seine Kunst ist weniger Schöpfung aus dem Nichts oder genialer Reichtum als Arrangement von Vorhandenem, Montage, oder die Abwandlung gegebener Paradigmen in allen denkbaren Spielarten. Für alles, was ihm die Umgebung zuspielt, schafft er das System von Rahmen, in die es paßt oder aus denen es fällt. Er schafft den Kontext und die Entsprechungen.

Wie ein geschickter Schneider findet er für jeden Stoff Verwendung. Er verläßt sich darauf, daß ihm die Umgebung das, wofür gerade Bedarf ist, schon liefern wird. Einzusetzen versteht er's bestimmt. Er sammelt Wörter (schon in *Stephen der Held* wundert sich der Held Stephen darüber, daß die Leute den Wert der

Wörter, mit denen sie so leichtfertig umgehen, so ganz verkennen), auch die abgedroschensten, ja gerade sie, so gut wie die ausgefallensten, Zeitungsannoncen, Schlagzeilen, Liedertexte, und er findet noch Anregung in Adreßbüchern und Warenhauskatalogen. Alles kann ihm einmal zugute kommen. Im Vertrauen auf die Fähigkeit, alles für seine Zwecke zuzuschneidern, kann er sogar auf Bestellung arbeiten: Er bittet seine Gönnerin Harriet Weaver um das Maß und die Angaben, nach denen er ein Stück anfertigen will. Und er verwendet dann dieses bestellte Stück gleich als Auftakt zu *Finnegans Wake*, in den er die Fäden des Buches zusammenlaufen läßt.

Und so wird auch vor allem die eigene Erfahrung assimiliert, wobei das Selbsterlebte eben dadurch, daß es *ihm* zugestoßen ist, noch bedeutender wird. Irland ist deswegen wichtig, sagt Stephen Dedalus, weil es zu ihm gehört – nicht umgekehrt. Seine Stadt, seine Bekannten und seine Familie haben die Chance ritueller Erhöhung durch sein Wort.

Von seinen Mitmenschen mußten der Vater John Stanislaus Joyce und Nora Barnacle am meisten herhalten. Vom Vater stammten, wie Joyce nach dessen Tod gestand, Hunderte von Seiten und Dutzende von Charakteren, er diente als die männliche Grundsubstanz. Das Gegenstück dazu war Nora, wohl schon deswegen, weil Joyce nur wenigen Frauen näherkam und es ihm also an Anschauung fehlte. Seine weiteren Erfahrungen scheinen dürftig. »Tatsächlich weiß ich noch wenig von Frauen«, schreibt er im Juli 1905 an den Bruder. Von Nora konnte er lernen, und er hat den Lernprozeß bewußt ausgeweitet. Der Mann, der

Molly Blooms Fleisch zum Wort werden ließ, scheint Nora ausgefragt, beobachtet, ja in Versuchssituationen gebracht zu haben, die sich nicht auf die Eigenartigkeit ihrer Galwayer Mundart beschränkten. Von anderen Zügen wäre er auch gegen seinen Willen nicht losgekommen, und dort machte er aus seiner Not eine Virtuosität.

Die literarische Ausbeute war jedenfalls groß. Sein Verhältnis zu Nora spiegelt sich in den meisten Frauengestalten. Zur ersten größeren Entfaltung kommt sie in Gretta Conroy in den »Toten« (die Geschichte entstand 1906-7, also zweieinhalb Jahre vor dem Orgasmus der Eifersucht, die bei seinem Dubliner Besuch neu aufgebrochen war): wie Nora stammt Gretta aus Galway, sie hatte einen jugendlichen Liebhaber, der früh starb und eben als romantische Erinnerung jedem lebendigen Rivalen überlegen bleibt; ihre gelassene Selbstverständlichkeit hebt sich von der Unsicherheit ihres intellektuellen Mannes ab. Im Gegensatz dazu getraut sich Eveline in der gleichnamigen Geschichte den Schritt nicht zu tun, den Nora mutig gewagt hatte – sie bleibt im Hafen von North Wall verzagt und hilflos zurück. Den Mädchen und Frauen von *A Portrait of the Artist as a Young Man* – E.C., Emma, dem Mädchen am Strand, den Prostituierten, bis hin zur Madonna – begegnet Stephen in der ambivalenten Haltung, die Joyces Briefe an Nora von 1909 auszeichnet, mit derselben Polarität von Reinem und lustvoll Bestialischem. Am leichtesten zu erkennen scheint Nora in der Bertha (in den *Verbannten*), sie ist dem Mann, der sie nicht heiratete, gefolgt, sie wird Opfer und Werkzeug seiner Eifersucht und sie braucht

Worte, die uns in den Briefen begegnen. In seinen Notizen zum Schauspiel verweist Joyce ausdrücklich auf Nora. Neben der bemerkenswertesten Inkarnation Noras in Molly Bloom tragen auch Milly, Martha Clifford, Gerty MacDowell, Mrs. Breen, Bella Cohen und andere im *Ulysses* Züge von ihr oder projiziert Joyce auf diese Gestalten etwas von seiner unmittelbaren Erfahrung mit Nora. Daß alle verzweigten weiblichen Linien wiederum bei *Finnegans Wake* in Anna Livia Plurabelle zusammenlaufen, braucht bei der Methode nicht zu verwundern. Auch an der Oberfläche von *Finnegans Wake* schimmert Nora Barnacles Name ein paarmal durch: Shem ist »barnacled up to the eyes« (S. 423), jemand anders ist nicht »half Norawain for nothing« (S. 452, mit einem Hinweis auf Ibsens Nora), und Äußerlichkeiten wie das rotbraune (»auburn«) Haar sind schon frühzeitig bemerkt worden.

Den privaten Wurzeln späterer literarischer Entfaltung nachzugehen ist aufschlußreich, etwa, wie Joyce das ungegliederte, ordnungs- und interpunktionslose Aneinanderreihen von Sätzen in Noras Briefen als etwas wesentlich Weibliches verstand und Molly Blooms Monolog formal darauf beruhen ließ. Für die Bewertung dieses Monologs ist dies unerheblich. Joyces Fixierungen sind belanglos. Der strahlende Leib des Kunstwerks hängt nicht von der Beschaffenheit oder Herkunft des täglichen Brotes ab. Über detektivischen Spürsinn und positivistischen Eifer sagt im *Ulysses* denn auch George Russell (der auch wirkliche Gestalt im literarischen Leben von Dublin war, nicht nur Romanfigur):

> Aber dieses Schnüffeln im Familienleben eines großen Mannes ... Interessiert nur den Küster. Ich meine, wir haben die Schauspiele. Ich meine, wenn wir den poetischen *King Lear* lesen, was kümmert es uns da, wie der Dichter lebte? ... Herumsuchen und Schnüffeln in Kulissengeschwätz, wie der Dichter soff, des Dichters Schulden. (*Ulysses* S. 215)

Die Zurechtweisung gilt Stephen Dedalus, der scharfsinnig alle verfügbaren Fakten zu einer Shakespeare-Deutung zurechtbiegt, die das Werk des Dichters mit traumatischen Erlebnissen des Menschen verbindet. Zeugnisse von der Art, wie sie die Briefe von Joyce an Nora darstellen, würde also Stephen gerade als Beweismittel bevorzugen. Es ist nun möglich, Joyce demselben Vorgehen, das er im *Ulysses* (in welcher parodistischen Brechung auch immer) aufgegriffen hat, zu unterwerfen, und die Versuchung besteht, Joyce so zu sehen, wie Stephen Dedalus Shakespeare versteht, als »einen alten Hund, der eine alte Wunde leckt« und zu lecken nicht aufhört. Richard Ellmann, der Biograph, ist vor allem dem Thema der Eifersucht nachgegangen. In den »Toten« war es offenbar nur künstlerisch bewältigt worden. Nach den Zeugnissen von 1909 sehen wir eine kathartische Funktion in den *Verbannten.* Der Mißerfolg des Stücks ist oft aus der ungemütlichen Nähe zu den noch nicht so alten Wunden abgeleitet worden.

Im *Ulysses* kreisen Blooms Gedanken immer um Molly und ihre gegenwärtige Affäre. Ausmaß, Häufigkeit und Motivierung ihrer Untreue werden nie ganz deutlich. Bloom findet sich mit der nicht einmal immer bewußt erlebten Eifersucht ab und weidet sich beinahe daran – am Ende erreicht er einen Zustand prekären »Gleichmuts«, wie er Joyce während seines Verdachts seinerzeit versagt geblieben war. In *Finnegans Wake* besteht immer Rivalität zwischen den beiden Brüdern, die aber lange nicht nur sexuell ist; die Eifersucht des alternden Mannes aber geht meist unter in seiner allgemeinen Angst vor der heranwachsenden Jugend, die ihn bald absetzen wird. Leicht aufzulösen sind Verbindungen wie »eyeforsight«, wo die Leidenschaft in deutscher Sprachform, zusammen mit Augen und Sicht, aber auch Vorsicht, auftritt, oder »jealousjoys« (wo sogar der Name James Joyce noch leicht mitklingen könnte). In einer Aufzählung von Titeln für ein weibliches Manifest steht »See the First Book of Jealesis Pessim«: beinahe als eine Losung über dem Gesamtwerk und den Briefdokumenten. Vom ersten Buch an finden wir, passim, immer wieder diesen Grundzug, und wir können die Eifersucht verfolgen in ihrer Genese, wie sie auch wirksam ist, in anderer Form, im Ersten Buch, der *Genesis* – sie steht am Anfang. Daß aus einem zwanghaften Belecken alter Wunden die Komödien von *Ulysses* und *Finnegans Wake* entspringen konnten, gehört zu den Leistungen, denen psychologisch kaum beizukommen ist. Die Briefe an Nora zeigen die persönliche Verstrickung und damit mittelbar den Abstand zur Losgelöstheit des abgeschlossenen Werks.

In der Geschichte des Liebesbriefs verdient Joyce höchstens eine Fußnote. In dieser ihrer Art nach »kinetischen« Literatur erweist er sich als eigenartig unbeholfen, sentimental, er braucht Metaphern und Clichés, die er später mit sicherem Gefühl für den unechten Ton

so gut zu parodieren wußte. Es ist etwas in den Briefen bloßgestellt, oder bloß gestellt, was unbehaglich macht. Joyce scheint an den Umgangswert und die Wirksamkeit einer Sprache zu glauben, von der er später (aber auch früher in den *Dubliners*) wußte, daß sie nur mit implizierten Anführungszeichen noch zu gebrauchen ist, und gerade in diesem Verstellen der Stimme, im Wechsel der Perspektive, im souveränen Spiel mit Stilen wurde er virtuos. Es ist denkbar, daß die Sentimentalitäten der Briefe einer Absicht entspringen, Nora, die durch ihre Lektüre vielleicht dafür geschult war, gerade durch diesen Tonfall anzusprechen; aber Joyce scheint kaum Herr seiner Stimmlage zu sein. Er greift zu Bildern und Vorstellungen, die im *Ulysses* in dem Kapitel wiederkehren werden, wo der Kitsch als entscheidendes Stilmittel eine Hauptarbeit an Charakterisierung leistet, dem »Nausikaa«-Kapitel. Das Bild von der »Reinheit des Geistes« etwa, im Bezug auf Nora sicher im Augenblick ernst gemeint, erscheint wieder unter ähnlichen Attributen von Gerty Mac Dowell im genau richtigen ironischen Abstand.
Somit sind die Gemeinsamkeiten der Briefe mit dem Werk (wie sie in den Einzelheiten in den Anmerkungen aufgeführt sind) wohl weniger charakteristisch als die Verschiedenheiten und die Distanzierung, zu der Joyce fähig war. In den Spätwerken springt er scheinbar frei, mit künstlerischer Allmacht, mit Emotionen um, denen er einst selbst ohnmächtig unterworfen war.

Fritz Senn

Briefe an Nora

15. Juni 1904[1]
60 Shelbourne Road[2]

Ich bin vielleicht blind. Ich betrachtete lange Zeit einen Kopf mit rötlich-braunem Haar und stellte fest, daß es der Ihre nicht war. Ich ging recht niedergeschlagen nach Hause. Ich würde gern ein neues Treffen vorschlagen, aber vielleicht paßt es Ihnen nicht. Ich hoffe, Sie sind so freundlich, mir eines vorzuschlagen – falls Sie mich nicht vergessen haben! JAMES A. JOYCE

23. Juni 1904
2 Leinster Street

Mein teuerster Liebster,
Nur eine Zeile um Dir mitzuteilen daß ich heute abend unmöglich kommen kann da wir zu tun haben[1] aber wenn es dir am Samstagabend 8.30 paßt am selben Ort in Liebe N BARNACLE
entschuldige daß ich in Eile schreibe

8. Juli 1904
[Dublin]

Kleine Schmollende Nora,
Ich kann mich heute abend nicht mit Dir treffen, da ich in Sandymount zu einem Italiener[1] gehen muß, der mit mir sprechen möchte. Sei morgen um 8.30 an der Ecke Merrion Sq. Adieu, lieber kleiner Braunschopf
J. A. J.

[? 12. Juli 1904][1]
60 Shelbourne Rd., Dublin

Mein liebes kleines Schätzchen-Braun-Schuh,[2]
Ich vergaß – ich kann mich morgen (Mittwoch) nicht mit Dir treffen, aber am Donnerstag um dieselbe Zeit. Ich hoffe, Du hast meinen Brief anständig zu Bett gebracht. Dein Handschuh lag die ganze Nacht neben mir – aufgeknöpft – aber benahm sich sonst sehr anständig[3] – wie Nora. *Bitte* leg diesen Brustharnisch nicht mehr an, da ich nicht gerne einen Briefkasten umarme. Hörst Du jetzt? (Sie beginnt zu lachen). Mein Herz – wie Du sagst – ja – genau so
Einen fünf-und-zwanzig-Minuten-Kuß auf Deinen Nacken AUJEY.[4]

21. Juli 1904
60 Shelbourne Rd.

Liebe Nora,
Entschuldige das Papier.[1] Bitte nimm dies an,[2] da Tausch kein Diebstahl ist. Treffen wir uns morgen abend um 8.30? Hoffe mein Brief schläft jede Nacht gut. Äußerst wohlerzogener Handschuh – noch.

AUJEY

[? Ende Juli 1904]
60 Shelbourne Road, Dublin

Meine besonders schmollende[1] Nora,
Ich sagte Dir, ich würde Dir schreiben. Jetzt schreib

aber Du mir, und sag, was zum Teufel war gestern abend mit Dir los. Ich bin überzeugt, daß irgendetwas nicht stimmte. Du sahst mir so aus, als täte Dir etwas leid, das *nicht* geschehen war – das sähe Dir sehr ähnlich. Ich habe seitdem versucht, meine Hand zu trösten, aber vergeblich. Wo wirst Du Samstagabend, Sonntagabend, Montagabend sein, daß wir uns nicht treffen können? Adieu jetzt, Liebste. Ich küsse das betörende Grübchen an Deinem Hals, Dein Christlicher Bruder-in-Schwelgerei[2]

J. A. J.

Wenn Du das nächste Mal kommst, laß die Launen zu Haus – und den Schnürleib

[Ende Juli? 1904]
[Dublin]

Meine liebe Nora,

Ich mußte tief seufzen heute nacht, als ich so vor mich hin ging, und ich dachte an ein altes Lied, geschrieben vor dreihundert Jahren von dem englischen König Henry VIII. – einem brutalen und lüsternen König. Das Lied ist so frisch und süß und scheint mir aus einem so einfachen, sich grämenden Herzen gekommen, daß ich es Dir schicke, in der Hoffnung, es gefällt Dir. Es ist seltsam, welch trüben Tümpeln die Engel den Geist der Schönheit entlocken. Die Worte drücken sehr zart und melodisch die ungewisse und müde Einsamkeit aus, die ich fühle. Das Lied ist für die Laute geschrieben.

Jim

Song
(for music)

Ah, the sighs that come from my heart
They grieve me passing sore!
Sith I must from my love depart
Farewell, my joy, for evermore.

I was wont her to behold
And clasp in armes twain.
And now with sighes manifold
Farewell my joy and welcome pain!

Ah methinks that could I yet
(As would to God I might!)
There would no joy compare with it
Unto my heart to make it light.[1]

HENRY VIII.

[Postkarte]
Poststempel 2. August 1904
[Dublin]

Down by the sally gardens my love and I did meet
She paced the sally gardens with little snow-white feet;
She bade me take love easy as the leaves grow on the tree
But I, being young and foolish, with her would noch agree.

In a field by the river my love and I did stand
And on my leaning shoulder she laid her snow-white
hand.
She bade me take love easy as the grass grows on the
weirs,
But I was young and foolish and now am full of tears.
W. B. YEATS[1]

3. August 1904
60 Shelbourne Road

Liebe Nora,
Wird man Dich heute abend um 8.30 ›herauslassen‹? Ich hoffe es sehr, denn ich bin in einem solchen Wirbel von Unannehmlichkeiten gewesen, daß ich alles in Deinen Armen vergessen möchte. Komm also, wenn Du kannst. Vermöge der apostolischen Kräfte, mir von Seiner Heiligkeit Papst Pius dem Zehnten verliehen, gebe ich Dir hiermit die Erlaubnis, ohne Unterröcke zu kommen, um den Päpstlichen Segen zu empfangen, den ich Dir mit Freude erteilen werde. Der Deine im Namen des Juden in Agonie VINCENZO VANNUTELLI[1]
(Kardinal-Diakon)

[Etwa 13. August 1904]
[Dublin]

Meine liebe Nora,
Du findest hierin eine Skizze von mir (›Stephen Daedalus‹), die Dich vielleicht interessiert.[1] Ich glaube, ich habe den ganzen Tag kaum einen Gedanken im Kopf gehabt außer einem. JAJ

15. August 1904
60 Shelbourne Road

Meine liebe Nora,
Es hat gerade eins geschlagen. Ich kam um halb elf hierher. Seitdem sitze ich wie ein Idiot in einem Sessel. Ich konnte nichts tun. Ich höre nichts als Deine Stimme. Wie ein Idiot höre ich, wie Du mich ›Lieber‹ nennst. Ich habe zwei Männer heute beleidigt, indem ich sie kalt stehenließ. Ich wollte Deine Stimme hören, nicht die ihre.[1]
Wenn ich bei Dir bin, lege ich mein Mißtrauen und meine Verachtung ab. Ich wünschte, ich fühlte Deinen Kopf jetzt an meiner Schulter. Ich denke, ich geh ins Bett.
Ich habe eine halbe Stunde gebraucht, um dies zu schreiben. Wirst Du mir etwas schreiben? Ich hoffe es. Wie soll ich unterschreiben? Ich werde überhaupt nicht unterschreiben, weil ich nicht weiß, wie ich unterschreiben könnte.

16. August 1904
Leinster Street

Mein Liebster,
Die Einsamkeit, die ich so tief empfand, seit wir uns gestern abend trennten, schien sich wie durch einen Zauber zu verflüchtigen, aber, ach, nur für kurze Zeit, und dann wurde sie schlimmer denn je. als ich Deinen Brief las, von dem Augenblick an, da ich meine Augen schließe, bis ich sie wieder öffne am Morgen. Mir ist, als sei ich immer und unter allen nur möglichen Um-

ständen in Deiner Gesellschaft, spräche mit Dir, ginge mit Dir, träfe Dich plötzlich an verschiedenen Orten, bis ich mich zu fragen beginne, ob mein Geist meinen Körper im Schlaf verläßt, um Dich zu suchen, und was mehr ist, Dich zu finden, oder vielleicht ist dies alles nur Phantasie. Gelegentlich versinke ich in Melancholie die den Tag über anhält und die zu vertreiben mir fast unmöglich ist. Es ist jetzt an der Zeit glaube ich, daß ich diesen Brief beende, da ich mich nur umso einsamer fühle, je mehr ich schreibe als Folge davon, daß Du so weit entfernt bist, und der Gedanke schreiben zu müssen was ich sagen möchte wenn Du neben mir wärst macht mich ganz elend, ich schließe jetzt also in Liebe und mit besten Wünschen, glaube mir ich bin immer die Deine

xxxxxxx NORAH BARNACLE[1]

[26. August 1904]
60 Shelbourne Rd

Meine liebe Nora,
Ich hoffe, Du freust Dich hierüber.[1] Mr. Cosgrave[2] wird Dich morgen abend (Samstag) um 7.30 abholen. Du wirst mich vielleicht nicht überwältigend finden, da ich nervös sein werde. Hoffentlich hat Dich diese Woche nicht fertiggemacht. Was für eine lange Zeit, seit ich Dich zuletzt gesehen habe! JAJ

29. August 1904
60 Shelbourne Road

Meine liebe Nora,

Ich habe gerade mein Mitternachtsmahl beendet, das ich ohne Appetit aß. Als ich halb fertig war, merkte ich, daß ich mit den Fingern aß. Mir war übel, genau wie gestern abend. Ich bin sehr bedrückt. Entschuldige diese fürchterliche Feder und dieses schreckliche Papier.

Ich habe Dich heute abend vielleicht gequält mit dem, was ich sagte, aber bestimmt ist es gut, daß Du erfährst, was ich über die meisten Dinge denke? Mein Denken lehnt die ganze gegenwärtige soziale Ordnung und das Christentum ab – das Elternhaus, die anerkannten Tugenden, Klassenunterschiede und religiöse Doktrinen. Wie sollte mir der Gedanke ans Elternhaus Freude machen? Meins war nichts als eine Mittelstands-Geschichte, heruntergewirtschaftet durch einen Hang zur Verschwendung, den ich geerbt habe. Meine Mutter wurde, wie ich glaube, durch die Mißhandlung von meinem Vater, durch Jahre der Sorgen und durch die zynische Offenheit meines Betragens langsam umgebracht. Als sie im Sarg lag, und ich ihr Gesicht sah – ein Gesicht, grau und vom Krebs zerstört – begriff ich, daß ich auf das Gesicht eines Opfers sah, und ich verfluchte das System, das sie zu einem Opfer gemacht hatte.[1] Wir waren siebzehn in der Familie. Meine Brüder und Schwestern bedeuten mir nichts. Nur einer meiner Brüder ist fähig, mich zu verstehen.

Vor sechs Jahren trat ich aus der Katholischen Kirche aus, die ich glühend haßte. Es war mir aufgrund der Regungen meiner Natur unmöglich, in ihr zu bleiben.

Ich führte einen geheimen Krieg gegen sie, als ich Student war, und schlug die Stellungen aus, die sie mir anbot. Ich machte mich dadurch zum Bettler, aber ich behielt meinen Stolz. Jetzt führe ich einen offenen Krieg gegen sie, durch das, was ich schreibe und sage und tue. Der Gesellschaftsordnung kann ich mich nicht einordnen – außer als Vagabund. Ich habe dreimal begonnen, Medizin zu studieren, einmal Jura, einmal Musik. Vor einer Woche traf ich noch Anstalten, als Wanderschauspieler von hier fortzugehen. Ich konnte den Plan nicht energisch betreiben, weil Du mich am Arm festhieltest. Die gegenwärtigen Schwierigkeiten meines Lebens sind unglaublich, aber ich verachte sie.

Als Du heute abend hineingingst, wanderte ich in Richtung Grafton St., wo ich lange Zeit an einen Laternenpfahl gelehnt stand und rauchte. Die Straße war erfüllt von einem Leben, auf das ich einen Strom meiner Jugend ausgegossen habe. Während ich dort stand, dachte ich an ein paar Sätze, die ich vor Jahren, als ich in Paris lebte, geschrieben hatte – es waren folgende Sätze: ›Sie streichen zu zweit und zu dritt inmitten des Boulevardtreibens vorbei und gehen wie Leute, die Muße haben an einem Ort, der für sie erleuchtet ist. Sie sind in der Konditorei, schwatzen, zermahlen kleine Kuchengebilde, oder sitzen schweigend an Tischen an der Tür des Cafés, oder steigen herab aus Kutschen, mit geschäftigem Rascheln der Gewänder, sanft wie die Stimme des Ehebrechers. Sie streichen in einem Hauch von Düften vorbei. Unter den Düften haben ihre Körper einen warmen, feuchten Geruch‹ –[2]

Als ich mir dies wieder durchlas, wußte ich, daß dieses Leben noch immer auf mich wartete, wenn ich mich dafür entschiede. Es könnte mich vielleicht nicht mehr in einen Rauschzustand versetzen, wie es das früher getan hatte, aber es war immer noch da, und jetzt, wo ich weiser und beherrschter bin, war es ohne Gefahr. Es würde keine Fragen stellen, nichts von mir erwarten als einige Augenblicke meines Lebens und den Rest mir überlassen und würde mir Freude dafür versprechen. An alles das dachte ich und ohne Bedauern verwarf ich es. Es war nutzlos für mich; das was ich wollte, könnte es mir nicht geben.

Du hast, glaube ich, einige Stellen in einem Brief, den ich Dir schrieb, mißverstanden, und ich habe in Deinem Benehmen eine gewisse Scheu bemerkt, als bedrücke Dich die Erinnerung an jenen Abend[3]. Für mich jedoch war er eine Art Sakrament, und die Erinnerung daran erfüllt mich mit freudigem Erstaunen. Du wirst vielleicht nicht sofort verstehen, warum es kommt, daß ich Dich deswegen so sehr verehre, da Du nicht viel von meinem Denken weißt. Aber gleichzeitig war es ein Sakrament, das in mir ein bestimmtes Gefühl des Schmerzes und der Erniedrigung hinterließ – des Schmerzes, weil ich Dich in einer außergewöhnlichen, zarten Schwermut sah, die dieses Sakrament als Kompromiß gewählt hatte, und der Erniedrigung, weil ich begriff, daß ich in Deinen Augen einer Konvention unserer gegenwärtigen Gesellschaft nicht entsprach.

Ich habe heute abend Dir gegenüber gespottet, aber ich meinte damit die Welt, nicht Dich. Ich hasse die Leute in ihrer Gemeinheit und Unterwürfigkeit, nicht aber Dich. Siehst Du die Einfachheit nicht, die hinter allen meinen Verkleidungen steckt? Wir alle tragen Masken. Gewisse Leute, die wissen, daß wir viel zusammen sind,

beleidigen mich oft Deinetwegen. Ich höre ihnen gelassen zu, würdige sie keiner Antwort, aber das geringste Wort von ihnen wirbelt mein Herz um und um wie einen Vogel der Sturm.
Es ist nicht angenehm für mich, in Erinnerung an den letzten Blick Deiner Augen jetzt ins Bett gehen zu müssen – müde Gleichgültigkeit sprach aus Deinem Blick – und in Erinnerung an die Qual in Deiner Stimme neulich nacht. Kein Mensch hat meiner Seele je so nahe gestanden wie Du, scheint es, und doch kannst Du mit verletzender Grobheit auf meine Worte reagieren. (›Ich weiß, was jetzt aus Dir spricht‹ sagtest Du). Als ich jünger war, hatte ich einen Freund,[4] dem ich mich ganz öffnete – in gewisser Weise mehr als ich mich Dir öffne, und in gewisser Weise weniger. Er war Ire, und das heißt, er hat mich verraten.
Ich habe noch nicht ein Viertel von dem gesagt, was ich sagen will, aber es ist sehr mühselig, mit dieser verfluchten Feder zu schreiben. Ich weiß nicht, was Du von diesem Brief denken wirst. Schreibst Du mir, bitte? Glaub mir, meine liebe Nora, ich verehre Dich sehr, aber ich will mehr als Deine Zärtlichkeiten. Wieder hast Du mich der Pein des Zweifels überlassen. JAJ

[etwa 1. September 1904]
7 S. Peter's Terrace, Cabra, Dublin[1]

Liebling,
Ich bin heute morgen in einer solchen Hochstimmung, daß ich Dir einfach schreiben muß, ob Du es willst oder nicht. Ich habe Dir nichts Neues zu sagen, außer daß

ich gestern abend meiner Schwester von Dir erzählte. Es war sehr lustig. Ich gehe in einer halben Stunde zu Palmieri,[2] der will, daß ich Musik studiere, und werde dabei an Deinen Fenstern vorbeikommen. Ob Du wohl da sein wirst? Und weiter, ob ich Dich sehen kann, falls Du da bist? Wahrscheinlich nicht.

Was für ein herrlicher Morgen! Dieser Schädel kam gestern abend glücklicherweise nicht, mich zu quälen. Wie ich Gott und den Tod hasse! Wie gern ich Nora habe! Natürlich, Du bist über diese Worte entsetzt, frommes Geschöpf, das Du bist.

Ich stand heute morgen früh auf, um eine Erzählung zu beenden, an der ich schrieb. Als ich eine Seite geschrieben hatte, beschloß ich, Dir stattdessen einen Brief zu schreiben. Außerdem dachte ich, Du magst den Montag nicht, und ein Brief von mir könnte Deine Stimmung heben. Wenn ich glücklich bin, habe ich den unsinnigen Wunsch, das jedem zu erzählen, den ich treffe, aber ich wäre viel glücklicher, wenn Du mir so einen von Deinen zwitschernden Küssen gäbest, die Du mir so gern gibst. Sie erinnern mich an singende Kanarienvögel.

Hoffentlich hast Du heute morgen nicht diese scheußlichen Schmerzen. Geh zu dem alten Sigerson[3] und laß Dir von ihm etwas verschreiben. Sicher wird es Dir leid tun zu hören, daß meine Großtante[4] im Begriff ist, an Dummheit zu sterben. Bitte vergiß nicht, daß ich bis heute *dreizehn* Briefe von Dir habe.

Denk dran, Miss Murphy diesen Dragonerschnürleib zu geben – ich finde übrigens, Du könntest ihr die gesamte Dragoneruniform zum Geschenk machen. Warum trägst Du diese verfluchten Dinger? Hast Du je die

Männer gesehen, die mit mächtigen Fries-Mänteln[5] bekleidet in den Guinness-Wagen herumfahren? Hast Du vor, Dich wie einer von denen aufzumachen?
Aber Du bist so eigensinnig, es ist zwecklos für mich zu sprechen. Ich muß Dir von meinem netten Bruder Stannie[6] erzählen. Er sitzt ½-angezogen am Tisch, liest ein Buch und redet leise vor sich hin: ›Verfluch doch den Burschen‹ – den Verfasser des Buches – ›Wer in Teufelsnamen hat gesagt, das Buch wär gut‹ ›Der blöde, wirrköpfige Idiot!‹ ›Sind die Engländer denn die dümmste Rasse auf Gottes Erdboden‹ ›Verfluch doch den englischen Idioten‹ etc. etc.
Adieu, meine liebe, arglose, reizbare, schläfrige, ungeduldige Nora mit der dunklen Stimme. Hunderttausend Küsse

JIM

10. September 1904
The Tower, Sandycove[1]

Meine liebe, liebe Nora,
Ich nehme an, Du bist seit gestern abend sehr durcheinander gewesen. Ich will nicht von mir reden, denn ich habe das Gefühl, ich hätte sehr grausam gehandelt. In gewisser Weise habe ich nicht das Recht zu erwarten, daß ich Dir mehr bedeuten sollte als irgendein anderer Mann – wahrhaftig habe ich im Hinblick auf mein eigenes Leben nicht das geringste Recht, das zu erwarten. Und doch habe ich das anscheinend erwartet und wenn auch nur, weil mir noch nie jemand so viel bedeutet hat, wie Du mir bedeutest. In mir ist auch etwas ein wenig Teuflisches, das mich Spaß daran ha-

ben läßt, die Meinung anderer über mich zu zerstören und ihnen zu beweisen, daß ich in Wirklichkeit selbstsüchtig, stolz, gerissen und rücksichtslos gegen andere bin. Es tut mir leid, daß ich Dir, als ich gestern abend so zu handeln versuchte, wie ich es für richtig hielt, so viel Kummer gemacht habe, aber ich sehe nicht, wie ich anders hätte handeln können. Ich schrieb Dir einen langen Brief, um Dir so gut ich konnte zu erklären, wie mir an jenem Abend zumute war, und mir schien, als würdest Du das, was ich sagte, einfach beiseite schieben und mich behandeln, als wäre ich nichts als ein zufälliger Wollustgefährte. Du wirst vielleicht gegen die Brutalität, mit der ich das sage, protestieren, aber, glaube mir, mich so zu behandeln, das bedeutet für mich, soweit es meine Haltung Dir gegenüber betrifft, eine Entwürdigung. Bei Gott, Du bist eine Frau und kannst verstehen, was ich sage! Ich weiß, daß Du mir gegenüber sehr nobel und sehr großmütig gehandelt hast, aber versuch jetzt, meine Offenheit ebenso offen zu erwidern. Vor allem, brüte nun nicht dumpf vor Dich hin, denn davon wirst Du krank, und Du weißt, daß Du eine sehr zarte Gesundheit hast. Vielleicht kannst Du mir noch heute abend eine Zeile schreiben, um mir zu sagen, daß Du mir wegen all des Kummers, den ich Dir bereitet habe, verzeihen kannst.

Jim

12. September 1904
The Tower, Sandycove

Liebe Nora,
Es ist ein so gräßlicher Morgen, daß wir uns vermut-

lich heute abend nicht treffen können. Es regnet hier in Strömen, und die See brandet sprühend gegen die Felsen. Ich würde mich gern hier ans Feuer setzen, aber ich muß in Kürze in die Stadt, um mich mit Mr. Cosgrave zu treffen. Es ist möglich, daß es vielleicht gegen Abend schön wird, und wenn ja, werde ich Dich erwarten, aber komm *nur* heraus, wenn es schön ist. Ich hoffe, daß es Dir täglich besser geht. Hast Du den Ort auf der Karte gefunden? Wenn wir uns heute abend nicht sehen – morgen um 8. JIM

12. September 1904
Leinster St.

Lieber Jim,
Ich erhielt Deinen Brief den ich erwidere vielen Dank ich hoffe Du bist nicht naß geworden falls du heute in der Stadt warst wir treffen uns also morgen abend 8.15 hoffentlich ist es dann schön ich fühle mich seit gestern abend viel besser aber fühle mich heute abend ein bißchen einsam weil es so naß ist ich habe den ganzen Tag Deine Briefe gelesen da ich nichts anderes zu tun hatte ich las diesen langen Brief wieder und wieder aber konnte ihn nicht verstehen ich glaube ich werde ihn dir morgen abend mitbringen – und vielleicht kannst Du mir helfen ihn zu verstehen
nicht mehr im Augenblick von deinem Dich liebenden Mädchen NORA xxxxx
entschuldige daß ich in Eile schreibe
Ich nehme an Du machst gerade das Feuer an wenn du diese Zeilen erhältst

16. September 1904
103 North Strand Road, Fairview[1]

Liebste Nora –

Briefeschreiben wird allmählich fast unmöglich zwischen uns. Wie ich diese kalten, geschriebenen Wörter verabscheue! Ich dachte, es würde mir nichts ausmachen, Dich heute nicht zu sehen, aber ich merke, daß die Stunden mir sehr lang werden. Mein Hirn scheint jetzt sehr leer zu sein. Als ich gestern abend auf Dich wartete, war ich sogar noch unruhiger. Mir schien es, als führte ich Krieg für Dich gegen alle religiösen und sozialen Kräfte in Irland und wäre dabei ganz auf mich allein gestellt. Hier ist kein Leben – keine Natürlichkeit oder Aufrichtigkeit. Die Leute wohnen ihr Leben lang in denselben Häusern zusammen und am Ende sind sie so weit voneinander entfernt wie je. Bist Du sicher, daß Du Dir keinerlei falsche Vorstellungen von mir machst? Denke daran, daß ich Dir auf jede Frage, die Du mir stellst, offen und ehrlich antworten werde. Aber auch wenn Du nichts zu fragen hast, werde ich Dich verstehen. Daß Du Dich dazu entscheiden kannst, in dieser Weise in meinem Leben, das vom Hazard bestimmt ist, neben mir zu stehen, erfüllt mich wirklich mit Stolz und Freude. Hoffentlich zerreißt Du nicht alles, was vor Dir liegt, heute. Vielleicht könntest Du den langen morgigen Vormittag dadurch etwas verkürzen, daß Du mir einen Brief zukommen läßt. Es ist erst eine Woche her, sagtest Du, daß wir unser berühmtes Gespräch über die Briefe hatten, aber sind es nicht diese Dinge, durch die wir einander so nahe gekommen sind? Erlaube mir, liebste Nora, Dir zu sagen, wie sehr es mein Wunsch ist, daß Du alles Glück, das mir zufallen mag, mit mir teilst, und Dir zu versichern, wie sehr ich Deine Liebe achte, die ich zu verdienen und zu erwidern hoffe.

JIM

16. September 1904
Leinster Street

Lieber Jim,
Ich fühle mich so sehr müde heute abend daß ich Dir nicht vielen großen Dank sagen kann für deinen freundlichen Brief den ich unerwartet heute abend erhielt ich hatte sehr viel zu tun als der Postbote kam ich lief fort in eins der Schlafzimmer um Deinen Brief zu lesen ich wurde fünfmal gerufen aber tat so als hörte ich nicht es ist jetzt halb zwölf und ich brauch dir nicht sagen daß ich die Augen kaum offenhalten kann und ich freue mich die ganze Nacht durchzuschlafen wo ich nicht so viel an Dich denken kann wenn ich morgen früh aufwache werde ich an nichts anderes denken als an Dich Gute Nacht bis 7 Uhr morgen abend

NORA XXXXXXXXX

[? 18 September 1904]
[Dublin]

Liebste Nora,
Ich war nach dem gestrigen Abend von einer so glühenden Freude erfüllt, daß ich heute ganz unruhig bin. Hundertmal möchte ich Dich das sagen hören. Wie kannst Du denken, daß ich überhaupt nichts gelten

lasse? Es kommt vielleicht daher, daß ich in meinem Benehmen so übermütig bin. Ich bin durch mein Leben in dem, was ich sage, sehr zurückhaltend geworden, aber Du darfst Dich davon nicht entmutigen lassen. Ich habe letzte Nacht von Dir geträumt. Was für einen Sinn hat es, diesen dummen Brief zu schreiben. Ich möchte einfach bei Dir sein. Ich erwarte meinen Bruder in einer Stunde etwa, um Näheres zu erfahren. Gerade eben habe ich einen Brief erhalten, den ich erwartet hatte,[1] aber Genaues werde ich erst in einigen Tagen wissen. Heute abend 8.30.

Jim

19. September 1904
103 North Strand Road, Fairview

Carissima,

Erst einige Zeit, nachdem ich Dich verlassen hatte, ging mir auf, daß zwischen meiner Frage ›Ist Deine Familie vermögend?‹ und Deiner anschließenden Verlegenheit eine Verbindung bestand. Ich wollte aber doch nur erfahren, ob Du im Zusammenleben mit mir Annehmlichkeiten entbehren müßtest, an die Du von Zuhause gewohnt wärest. Nachdem ich eine Weile darüber nachgedacht hatte, wurde mir Deine andere Frage klar – nämlich, daß Du Dir unschlüssig seist, ob ich innerhalb des College oder außerhalb wohnen sollte. Ich habe letzte Nacht sehr, sehr schlecht geschlafen, bin viermal aufgewacht. Du fragst mich, warum ich Dich nicht liebe, aber glauben mußt Du mir doch, daß ich Dich sehr gern habe, und wenn der Wunsch, einen Menschen ganz zu besitzen, diesen Menschen aus tiefstem Herzen zu bewundern und zu verehren und danach zu trachten, das Glück dieses Menschen in jeder Weise zu sichern, ›Liebe‹ ist, dann ist vielleicht meine Neigung zu Dir eine Art Liebe. Ich will Dir auch sagen, daß es für mich auf dieser Welt keine Seele gibt, die schöner und schlichter wäre als Deine, und darum, weil mir das so deutlich bewußt ist, wenn ich Dich ansehe, mag es sein, daß meine Liebe oder Neigung zu Dir viel von ihrer Gewalttätigkeit verliert.

Ich wollte Dir noch sagen, daß Du, kommt Dir auch nur die geringste Andeutung zu Ohren, daß von seiten Deiner Familie irgendetwas unternommen wird, sofort das Hotel verlassen und mir ein Telegramm (an *diese* Adresse) mit der Mitteilung schicken mußt, wo ich Dich treffen kann. Deine Familie kann Dich natürlich nicht hindern, fortzugehen, wenn Du es wünschst, aber sie kann Dir Schwierigkeiten machen. Ich muß mich mit meinem Vater heute treffen und werde wahrscheinlich in seinem Haus wohnen, bis ich Irland verlasse. Schreib also, wenn Du schreibst, dorthin. Die Adresse ist 7 S. Peter's Terrace, Cabra, Dublin. Adieu also, liebe Nora, bis morgen abend. JIM

[26. September 1904][1]
7 S. Peter's Terrace, Cabra, Dublin

Meine liebste Nora,

Ich muß Dir sagen, wie elend ich mich seit gestern abend fühle. Ich dachte, so wie ich solche Dinge im allgemeinen nehme, daß ich mich erkältet hätte, aber ich bin überzeugt, daß es mehr ist als eine körperliche

Unpäßlichkeit. Wie wenig Worte zwischen uns notwendig sind! Wir scheinen einander zu kennen, obwohl wir fast ganze Stunden nichts sagen. Ich frage mich oft, ob Dir wirklich ganz klar ist, was Du vorhast. Ich denke so gering von mir, wenn ich mit Dir zusammen bin, daß ich oft Zweifel habe, ob Du das wirklich weißt. Die bloße Erinnerung an Dich überwältigt mich mit einer Art dumpfer Schläfrigkeit. Die Energie, die man braucht, um ein Gespräch in Gang zu halten, scheint mich in letzter Zeit verlassen zu haben, und ich merke, wie ich ständig in Schweigen versinke. In einer Weise finde ich es schade, daß wir nicht mehr miteinander sprechen, und doch weiß ich, wie vergeblich es wäre, Dir oder mir Vorhaltungen zu machen, denn ich weiß, daß unsere Lippen, wenn wir uns das nächste Mal treffen, verstummen werden. Du siehst, wie ich in diesen Briefen schon anfange zu stammeln. Und doch, warum sollte ich mich vor Worten schämen? Warum sollte ich Dich nicht so nennen, wie ich Dich in meinem Herzen fortwährend nenne? Was hindert mich denn daran, außer daß kein Wort zärtlich genug ist, Dein Name zu sein?[2]

JIM

Schreib, wenn Du Zeit dazu findest.

26. September 1904
2 Leinster St

Liebster Jim,

Ich hoffe Deine Erkältung ist besser ich merke daß Du in letzter Zeit sehr still geworden bist ich hatte gestern abend das Gefühl als ob ich dich überhaupt nicht gese-

hen hätte in Folge dessen daß du mich so früh verlassen mußtest als ich heim kam dachte ich ich könnte mich zurückziehen und nicht so viel an Dich denken aber hier war großes Gaudi und ich brauch dir nicht zu sagen daß ich nicht gern unter Leute gegangen bin die mir gleichgültig sind es war zwei Uhr als ich ins Bett kam saß ich die ganze Zeit wie ein Idiot da und dachte an Dich ich sehnte die Zeit herbei wo ich dich nicht mehr verlassen müßte
Lieber Jim ich fühle mich heute abend so einsam ich weiß nicht was ich sagen soll es ist sinnlos mich hinzusetzen um zu schreiben wenn ich lieber mit Dir zusammen wäre ich hoffe Du hast gute Nachrichten wenn wir uns morgen abend treffen ich will versuchen 8.15 hier wegzukommen Alle meine Gedanken gehören dir bis dann

NORA

29. September 1904, Michaelistag
7 S. Peter's Terrace, Cabra, Dublin

Meine liebste Nora,
Ich habe diesen Leuten in London geschrieben und erklärt, daß *Du* bereit bist, Ihr Angebot anzunehmen.[1] Der Gedanke an London gefällt mir nicht, und ich glaube, Dir wird es ebenso gehen, aber gleichzeitig liegt es auf dem Wege nach Paris und es ist vielleicht besser als Amsterdam. Außerdem habe ich vielleicht in London einiges zu erledigen, was sich am besten persönlich tun läßt. Trotzdem bedaure ich es sehr, daß wir in London anfangen müssen. Vielleicht schickt man mich von dort gleich nach Paris, das hoffe ich.

Ich sprach hinterher mit Mr. Cosgrave, und ich stelle fest, daß ich ihm unabsichtlich Unrecht getan habe. Er scheint selbst geglaubt zu haben, was er zu Dir sagte. Folglich habe ich ihm Deine Meinung über die Art, wie er seinen Kopf zurückwirft, nicht mitgeteilt. Mr. Cosgrave ist, was man einen ›rechtschaffenen‹ Mann nennt, und er betrachtet immer alles vom Standpunkt der Vernünftigkeit.
Manchmal kommt mir dieses unser Abenteuer fast amüsant vor. Der Gedanke daran, welche Wirkung diese Nachricht in meinem Kreis haben wird, amüsiert mich. Jedenfalls, wenn wir erst einmal im Quartier Latin sicher untergekommen sind, können sie reden, so viel sie wollen.
Die Aussicht, den Tag zu verbringen, ohne Dich zu sehen, gefällt mir nicht – der gestrige Abend zählt kaum. Ich hoffe, Du hast jetzt, wo die Schiffssirene wirklich für uns zu tönen beginnt, glücklichere Gedanken. Du batest mich, Dir einen langen Brief zu schreiben, aber wirklich, ich hasse das Schreiben – es ist eine so unbefriedigende Art sich auszusprechen. Vergiß trotzdem nicht, daß ich, falls Du überhaupt zum Schreiben kommst, von Dir erwarte, daß Du schreibst. Jetzt wo ich den Brief hier durchlese, stelle ich fest, daß nichts darin steht. Ich werde ihn aber ruhig trotzdem abschikken, da er Dir vielleicht die Langeweile des Abends vertreibt.

Die Sonne scheint kühl durch die Bäume im Garten hier. Der Herr in der Kapelle hat eben den Angelus geläutet. Mein Bruder an der anderen Seite des Tisches grinst zu mir herüber. Mach Dir jetzt also ein Bild von mir, wenn Du kannst. Adieu donc, ma chérie, Jim

[? Dezember 1904][1]
Caffé Miramar, Pola, Österreich[2]

Liebe Nora,
Laß uns doch heute abend um Gotteswillen nicht irgendwie unglücklich sein. Wenn irgendetwas ist, bitte sag's mir. Ich fange schon an zu zittern, und wenn Du mich nicht bald wie sonst ansiehst, werde ich im Café auf- und abrennen müssen. Nichts was Du tust, kann mich heute abend ärgern. Ich will durch nichts unglücklich gemacht werden. Wenn wir nach Hause gehen, will ich Dich hundertfach küssen. Hat dieser Bursche[3] Dich geärgert oder habe ich Dich geärgert, dadurch, daß ich mich herausgehalten habe? JIM

[Postkarte]
[Poststempel 29. Juli 1909]
44 Fontenoy Street, Dublin

Wir sind hier heute abend gut angekommen.[1]
Das erste, was ich auf der Pier in Kingstown sah, war Gogartys[2] fetter Rücken, aber ich bin ihm aus dem Weg gegangen.
Alle sind von Georgie entzückt, besonders Pappie.[3]
Schreib an eins der Mädchen, was mit ihm alles gemacht werden muß.
Alles Liebe für Lucia JIM

6. August 1909
44 Fontenoy Street, Dublin

Nora, ich fahre nicht nach Galway, Georgie auch nicht.

Die geschäftliche Angelegenheit, deretwegen ich hergekommen bin und von der ich mir eine Besserung meiner Lage erhofft hatte, schmeiße ich hin.
Ich war Dir gegenüber ehrlich in dem, was ich Dir von mir erzählt habe. Du warst es mir gegenüber nicht.
Damals, als ich mich mit Dir immer an der Ecke Merrion Square traf und mit Dir spazierenging und spürte, wie Deine Hand mich in der Dunkelheit berührte, und Deine Stimme hörte (O Nora! Nie wieder werde ich diese Musik hören, weil ich nie wieder glauben kann), damals, als ich mich mit Dir immer traf, hattest Du, *jeden zweiten Abend*, draußen vor dem Museum eine Verabredung mit einem Freund von mir, Du gingst mit ihm durch dieselben Straßen, am Kanal entlang, am ›Aufbewahrungsinstitut‹ vorbei, hinunter zum Ufer der Dodder. Du standst mit ihm: er legte den Arm um Dich und Du hobst Dein Gesicht zu ihm auf und küßtest ihn. Was habt Ihr noch zusammen getan? Und am nächsten Abend trafst Du Dich mit *mir!*
Ich habe dies gerade vor einer Stunde aus seinem Mund gehört.[1] Meine Augen sind voller Tränen, Tränen des Kummers und der Demütigung. Mein Herz ist voller Bitterkeit und Verzweiflung. Ich sehe immer nur Dein Gesicht, wie es sich damals einem anderen entgegenstreckte. O Nora, hab Mitleid mit mir in meiner Qual. Ich werde Tage weinen. Mein Glaube an dieses Gesicht, das ich liebte, ist zerbrochen. O Nora, Nora hab Mitleid mit meiner armen, elenden Liebe. Ich kann Dich bei keinem zärtlichen Namen nennen, weil ich heut abend erfahren habe, daß das einzige Wesen, an das ich glaubte, mir nicht treu war.
O Nora, muß alles zwischen uns vorbei sein?

Schreib mir, Nora, um meiner toten Liebe willen. Ich werde von Erinnerungen zerquält.
Schreib mir, Nora, ich habe nur Dich geliebt: und Du hast meinen Glauben an Dich zerbrochen.
O Nora, ich bin unglücklich. Ich weine um meine arme, unglückliche Liebe.
Schreib mir, Nora. JIM

7. August 1909
44 Fontenoy Street

Es ist halb sieben morgens, und ich schreibe in der Kälte. Ich habe die ganze Nacht kaum geschlafen.
Ist Georgie mein Sohn? Es war am 11. Oktober in Zürich, daß ich zum erstenmal mit Dir schlief,[1] und er wurde am 27. Juli geboren. Das sind 9 Monate und 16 Tage. Ich erinnere mich, daß in dieser Nacht sehr wenig Blut kam [...][2]
Sags mir. Als Du mit diesem anderen (einem ›Freund‹ von mir) auf dem Feld an der Dodder[3] warst (an den Abenden, an denen ich *nicht* da war), legtet Ihr euch da hin, wenn Ihr euch küßtet? Berührtest Du ihn mit der Hand, wie Du es bei mir im Dunkeln tatest, und sagtest Du zu ihm, was Du zu mir sagtest: ›Was ist das, Liebling?‹ An einem dieser Tage ging ich kreuz und quer durch Dublins Straßen und hörte nichts als diese Worte, sagte sie wieder und wieder vor mich hin und blieb stehen, um die Stimme meiner Liebe besser zu hören.
Was soll jetzt aus meiner Liebe werden? Wie soll ich das Gesicht vertreiben, das sich zwischen unsere Lippen

jetzt drängen wird? Jeden zweiten Abend durch dieselben Straßen!

Ich bin ein Narr gewesen. Die ganze Zeit habe ich gedacht, Du gäbest Dich nur mir, und dabei hast Du Deinen Körper zwischen mir und einem anderen geteilt. In Dublin hier geht das Gerücht um, daß ich nahm, was andre übrigließen. Vielleicht lachen sie, wenn sie mich mit ›*meinem*‹ Sohn durch die Straßen paradieren sehen.

O Nora! Nora! Nora! Ich spreche jetzt zu dem Mädchen, das ich liebte, das rotbraune Haare hatte und auf mich zugeschlendert kam und mich so leichthin in die Arme nahm und mich zum Mann machte.[4]

Ich werde nach Triest zurückfahren, sobald Stannie mir das Geld schickt, und dann können wir alles so regeln, wie es am besten ist.

O Nora, gibt es für mich noch Hoffnung auf Glück? Oder soll mein Leben kaputt sein? Man sagt hier, ich hätte Schwindsucht. Wenn ich meine Bücher und meine Kinder vergessen könnte, und vergessen, daß das Mädchen, das ich liebte, falsch gegen mich war, und mich an es nur noch erinnerte, wie ich es mit den Augen meiner jungenhaften Liebe sah, würde ich zufrieden aus dem Leben gehen. Wie alt und elend ich mich fühle!

JIM

19. August 1909
44 Fontenoy Street, Dublin

Mein Liebling,

Ich bin schrecklich in Sorge, weil Du nicht geschrieben hast. Bist Du krank?

Ich habe über die Geschichte mit Byrne,[1] einem alten Freund von mir, gesprochen, und der ergriff großartig Deine Partei und sagt, es sei alles eine ›verdammte Lüge‹.

Was für ein nichtswürdiger Bursche ich bin! Aber von jetzt an werde ich Deiner Liebe würdig sein, Liebste.

Ich habe Dir heute drei Riesenbeutel ungeschälten Kakao geschickt. Schreib mir, wenn Du sie erhalten hast.

Meine Schwester Poppie[2] geht morgen fort.

Heute habe ich einen Vertrag über die Veröffentlichung der *Dubliner*[3] unterschrieben.

Entschuldige mich bei Stannie, daß ich ihm nicht geschrieben habe.

Meine süße edle Nora, ich bitte Dich, mir mein niederträchtiges Verhalten zu verzeihen, aber die beiden miteinander[4] hatten mich zum Wahnsinn getrieben, Liebling. Wir werden ihr feiges Komplott zunichte machen, Liebe. Verzeih mir, mein Herz, bitte.

Sag nur ein Wort zu mir, Liebste, ein Wort, daß alles nicht wahr ist, und o, wie wird mich das Glück beflügeln!

Geht es Dir gut, mein Liebling? Du quälst Dich doch nicht damit, nicht wahr? Lies nur nicht diese grauenhaften Briefe wieder durch, die ich geschrieben habe. Ich war damals außer mir vor Wut.

Ich muß jetzt den ganzen Weg zum G.P.O.[5] gehen, um diesen Brief abzuschicken, da hier die Post schon fort ist: es ist nach eins in der Nacht.

Gute Nacht, ›mein Schatz‹!

Kein Mann, glaube ich, ist je der Liebe einer Frau würdig.

Verzeih mir, mein Liebling. Ich liebe Dich, und das ist

der Grund, warum auch nur der Gedanke an Dich und diesen gemeinen, schändlichen Kerl mich so zum Wahnsinn getrieben hatte.
Nora, Liebling, demütig bitte ich Dich um Verzeihung. Nimm mich wieder in Deine Arme. Mach, daß ich Deiner würdig werde.
Ich werde dennoch siegen, und dann wirst Du an meiner Seite sein.
Gute Nacht, ›meine Liebste‹, ›mein Schatz‹. Ein ganzes Leben liegt jetzt offen vor uns. Es ist eine bittere Erfahrung gewesen, und unsere Liebe wird jetzt nur noch süßer sein.
Gib mir Deine Lippen, mein Lieb.

›My kiss will give peace now
And quiet to your heart.
Sleep on in peace now,
O you unquiet heart‹[6]

JIM

21. August 1909
44 Fontenoy Street, Dublin

Meine liebe kleine Nora,
Ich *glaube*, Du hast mich lieb, hm? Der Gedanke daran, daß Du meine Gedichte liest, macht mir Freude (wenn Du auch fünf Jahre brauchtest, um etwas an ihnen zu finden). Als ich sie schrieb, war ich ein sonderbarer einsamer Junge, lief nachts allein umher und dachte daran, daß eines Tages ein Mädchen mich lieben würde. Aber ich konnte nie mit den Mädchen reden, die ich bei Leuten kennenlernte. Ihr falsches Gehaben hemmte mich von vornherein. Dann kamst Du

zu mir. Du warst nicht in dem Sinne das Mädchen, von dem ich geträumt und für das ich die Verse geschrieben hatte, die Du jetzt so betörend findest. Es war vielleicht (wie ich es mir in meiner Phantasie vorstellte) ein Mädchen, dem die Kultur von Generationen, die vor ihr gelebt hatten, eine seltsame schwermütige Schönheit eingeprägt hatte, die Frau, für die ich Gedichte wie ›Gentle lady‹ oder ›Thou leanest to the shell of night‹ schrieb.[1] Aber dann sah ich, daß die Schönheit Deiner Seele die meiner Gedichte überstrahlte. In Dir war etwas – höher als alles, was ich in sie hineingelegt hatte. Und so ist aus diesem Grunde das Gedichtbuch für Dich. In ihm ist die Sehnsucht meiner Jugend enthalten, und Du, Liebling, warst die Erfüllung dieser Sehnsucht.

Bin ich grausam zu Dir gewesen? Einer Grausamkeit, wenigstens, habe ich mich nicht schuldig gemacht. Ich habe nicht die warme impulsive lebenspendende, aus der Fülle Deiner Natur kommende Liebe getötet. Schau nun, Liebste, in die Tiefen Deines eigenen Herzens und sag mir, daß Du Dein Herz im Zusammenleben mit mir nicht hast altern und sich verhärten sehen. Nein, Du bist jetzt tieferer zarterer Gefühle fähig als damals. Sag mir, Du, meine kleine Nora, daß das Zusammensein mit mir gut war für Dich, und ich will Dir frei heraus sagen, was alles das Zusammensein mit Dir für mich bedeutet hat.

Weißt Du, was eine Perle ist, und was ein Opal ist? Meine Seele war, als Du damals an jenen süßen Sommerabenden auf mich zugeschlendert kamst, schön, aber hatte die bleiche leidenschaftslose Schönheit einer Perle. Deine Liebe ist durch mich hindurchgegangen,

und jetzt fühle ich, daß mein Inneres so etwas wie ein Opal ist, das heißt, es ist voller seltsamer unbestimmter Farben und Tönungen, voll warmen Lichts und wechselnder Schatten und abgerissener Musik.
Es beunruhigt mich so sehr, Nora, Liebe, daß ich nicht weiß, wie ich das Reisegeld für Eva und mich zusammenbekommen soll, und auch für die Fahrt nach Galway, um Deine Familie zu besuchen. Ich habe heute an Deine Mutter geschrieben, aber eigentlich möchte ich gar nicht fahren. Sie werden von Dir sprechen und von Dingen, die ich nicht kenne. Mir graut davor, ein Bild von Dir als Mädchen gezeigt zu bekommen, denn ich werde denken: ›Ich habe sie damals nicht gekannt und sie mich auch nicht. Wenn sie am Morgen zur Messe schlenderte, schickte sie manchmal ihre langen Blicke zu irgendeinem am Wege stehenden Jungen hinüber. Zu anderen, nicht zu mir.‹
Ich muß Dich bitten, mein Liebling, Geduld mit mir zu haben. Ich bin in absurdem Grade eifersüchtig auf die Vergangenheit.
Sei fröhlich, meine lautere Nora, bis ich komme. Sag Stannie, er soll mir einen ganzen Haufen Geld schikken, und rasch, damit wir uns bald wiedersehen. Erinnerst Du Dich noch daran, wie ich Dich eines Tages beiläufig fragte: ›Wo find ich Dich heut abend?‹ und Du, ohne nachzudenken, sagtest: ›Wo Du mich findest, meinst Du? Du findst mich im Bett, denk ich.‹
Magari! Magari![2]

Jim

22. August 1909
44 Fontenoy Street, Dublin

Meine Liebste,
Wie leid, leid, leid mir Dublin ist! Es ist eine Stadt des Versagens, der Ranküne und der Unglückseligkeit. Ich sehne mich fort von hier.
Ich denke immer an Dich. Wenn ich nachts ins Bett gehe, ist das für mich eine Art Folter. Ich werde hier nicht hinschreiben, was meinen Sinn erfüllt, der wahre Irrsinn der Begierde. Ich sehe Dich in hundert Posen, bizarr, verschämt, jungfräulich, schmachtend. Gib Dich mir hin, Liebste, alles, alles, wenn wir uns wiedersehen. Alles was heilig ist, verborgen vor anderen, mußt Du mir einschränkungslos geben. Ich möchte Herr Deines Körpers und Deiner Seele sein.
Es gibt einen Brief, den ich nicht als erster zu schreiben wage, und von dem ich doch jeden Tag hoffe, Du schriebest ihn mir. Einen Brief für nur meine Augen. Vielleicht wirst Du ihn mir schreiben, und vielleicht wird er die Qual meiner Sehnsucht lindern.
Was kann jetzt noch zwischen uns treten? Wir haben gelitten und sind geprüft worden. Alle Schleier der Scham oder Scheu scheinen von uns gefallen zu sein. Werden wir nicht in unser beider Augen die Stunden und Stunden des Glückes sehen, die uns erwarten?
Schmücke Deinen Körper für mich, Liebste. Sei schön und glücklich und liebevoll und aufreizend, voller Erinnerungen, voller Glut, wenn wir uns wiedersehen. Erinnerst Du Dich an die drei Adjektive, die ich in den *Toten*[1] verwendet habe, als ich von Deinem Körper spreche? Es sind diese: ›musical and strange and perfumed‹ (›wie Musik und sonderbar und duftend‹).

Die Eifersucht schwelt noch in meinem Herzen. Deine Liebe zu mir muß stürmisch und gewalttätig sein, um mich *völlig* vergessen zu machen.
Laß mich nie die Liebe verlieren, die ich jetzt für Dich empfinde, Nora. Wenn wir so zusammen durchs Leben gehen könnten, wie glücklich würden wir sein. Laß mich Dich lieben, Nora. Töte meine Liebe nicht.
Ich bringe Dir ein kleines Geschenk mit. Es ist ganz meine eigene Idee, und ich habe große Mühe gehabt, es so gemacht zu bekommen wie ich wollte. Aber es wird Dich immer an diese Zeit erinnern.
Schreib mir, Liebste, und denk an mich.
Was sind eine Woche oder zehn Tage, gemessen an der ganzen Freudenzeit, die vor uns liegt! JIM

[Ansichtskarte[1]]
26. August 1909
4 Bowling Green, Galway

Mein lieber kleiner Ausreißer Nora,
Ich schreibe Dir diese Zeilen am Küchentisch im Haus Deiner Mutter!! Ich habe mich den ganzen Tag hier mit ihr unterhalten, und ich sehe, daß sie die Mutter meines Lieblings ist, und ich mag sie sehr gern. Sie hat für mich *The Lass of Aughrim*[2] gesungen, aber die letzten Strophen, in denen die Liebenden ihre Pfänder austauschen, möchte sie nicht für mich singen. Ich werde über Nacht in Galway bleiben.
Wie seltsam das Leben ist, meine Liebste? Wenn ich mir vorstelle, daß ich hier bin! Ich bin zu dem Haus in Augustine Street gegangen, in dem Du mit Deiner Großmutter gewohnt hast, und morgen früh werde ich es

mir unter dem Vorwand, ich wollte es kaufen, ansehen, um das Zimmer zu sehen, in dem Du geschlafen hast.
Ich habe sie um Photographien von Dir als Mädchen gebeten, aber sie haben keine.
Wer weiß, Liebling, vielleicht kommen Du und ich nächstes Jahr zusammen hierher. Du wirst mich führen von Ort zu Ort, und das Bild Deiner Mädchenzeit wird mein Leben wieder läutern. JIM

31. August 1909[1]
44 Fontenoy Street, Dublin

Mein Liebling,
Es ist jetzt fast zwei Uhr morgens. Meine Hände zittern vor Kälte, denn ich habe fortgehen müssen, um meine Schwestern von einer Gesellschaft abzuholen: und jetzt muß ich bis zum G. P. O. laufen. Aber ich will nicht, daß meine Liebste am Morgen ohne ihren Brief ist.
Den Schmuck, den ich eigens für Dich machen ließ, habe ich jetzt in der Tasche stecken. Ich zeige ihn allen, damit alle wissen, daß ich Dich liebe, Nora, Liebe, und an Dich denke, Liebling, und Dir eine Ehre erweisen möchte.
Vor einer Stunde habe ich Dein Lied *The Lass of Aughrim* gesungen. Die Tränen kommen mir und meine Stimme zittert vor Erregung, wenn ich diese schöne Weise singe. Es hat die Reise nach Irland gelohnt, nur um das von Deiner armen freundlichen Mutter zu hören – die ich *sehr* gern habe, Nora, Liebe.
Es ist vielleicht die Kunst, Nora, Liebste, in der Du und

ich Erquickung für unsre eigne Liebe finden werden. Ich möchte Dich umgeben wissen von allem, was zart und schön und edel in der Kunst ist. Du bist kein armes ungebildetes Mädchen, wie Du sagst. Du bist meine Braut, Liebling, und alles was ich Dir in diesem Leben an Freude und Wonne geben kann, möchte ich Dir geben.

Nora, Liebling, unsere Liebe, wie sie jetzt ist, darf nie enden. Du verstehst jetzt Deinen seltsamen irrenden eigensinnigen eifersüchtigen Geliebten, nicht wahr, Liebste? Du wirst versuchen, in allen seinen unsteten Launen an ihm zu halten, nicht doch, Liebste? Er liebt Dich, daran mußt Du immer glauben. Außer für Dich hat er nie auch nur einen Funken Liebe für irgendjemanden empfunden. Du bist es, die einen tiefen Einschnitt in sein Leben gerissen hat.

Jedes gemeine Wort, das ich höre, verletzt mich jetzt, weil ich spüre, daß es Dich verletzen würde. Als ich um Dich warb (und Du warst erst neunzehn, Liebling, wie ich es liebe, daran zu denken!), war es genauso. Du bist für mich als jungen Mann gewesen, was die Vorstellung der Heiligen Jungfrau für mich als Knaben war.

O sag mir, meine süße Geliebte, daß Du jetzt mit mir zufrieden bist. Ein lobendes Wort von Dir erfüllt mich mit Freude, einer sanften, rosengleichen Freude.[2]

Unsere Kinder (so sehr ich sie liebe) *dürfen nicht* zwischen uns kommen. Wenn sie gut geraten und edelmütig sind, dann haben sie das von *uns*, Liebe. Wir begegneten uns und vereinigten unsere Körper und Seelen einschränkungslos und edel, und unsere Kinder sind die Frucht unserer Körper.

Gute Nacht, mein liebstes Mädchen, meine kleine Galway-Braut, meine zarte Geliebte aus Irland.
Wie liebend gern würde ich Dich jetzt im Schlaf überraschen! Es gibt eine Stelle, auf die würde ich Dich jetzt gerne küssen, eine *sonderbare* Stelle, Nora. Nicht auf die Lippen, Nora. Weißt Du wohin? Gute Nacht, Geliebte! JIM

2. September 1909[1]
44 Fontenoy Street, Dublin

Liebe Nora,
Ich habe heute keinen Brief von Dir bekommen und hoffe, Du hast mir nicht nach Galway geschrieben. Ich habe vergessen Dir zu sagen, nicht dahin zu schreiben.
Ich bin in einem elenden Zustand, verwirrt und schwach, weil ich das getan habe, wovon ich Dir erzählte. Als ich heute morgen aufwachte und an den Brief dachte, den ich Dir gestern nacht schrieb,[2] habe ich mich vor mir selbst geekelt. Aber wenn Du alle meine Briefe von Anfang an durchliest, wirst Du Dir eine gewisse Vorstellung davon machen können, was ich Dir gegenüber empfinde.
Kein einziger Tag meiner Ferien war schön für mich. Deine Mutter bemerkte, daß ich die Gewohnheit habe zu seufzen, und sagte, ich würde mir das Herz damit brechen. Ich glaube schon, daß das nicht gut für mich ist.
Ich hoffe, Du trinkst täglich von dem Kakao und wirst dadurch ein *bißchen* dicker. Du weißt doch wohl, warum ich das hoffe.
Ich bin schrecklich in Sorge um Dich, um mich, die

Rückreise und Eva. Ich hoffe, Stannie wird mir genug für uns beide telegraphisch überweisen.

Dublin ist eine widerwärtige Stadt, und die Leute finde ich ganz abscheulich. Ich kann nichts essen, so erregt bin ich.

Wann hört diese verfluchte Geschichte auf? Wann werde ich endlich fahren? Mein Hirn ist leer. Ich kann Dir heute nacht nichts schreiben.

Nora, mein ›wahres Lieb‹, Du mußt mich wirklich an die Hand nehmen. Warum hast Du es zugelassen, daß ich in diesen Zustand gekommen bin. Wirst Du, Liebste, mich nehmen wie ich bin, mit meinen Sünden und Torheiten, und mich vor Elend schirmen. Ich fühl's, mein Leben wird zerbrechen, wenn Du das nicht tust. Heut nacht hab ich einen Gedanken, der irrer als gewöhnlich ist. Ich spüre, ich würde mich gern von Dir peitschen lassen. Ich würde gern Zorn in Deinen Augen flammen sehen.

Ich frage mich, ob etwas wie Irrsinn in mir ist. Oder ist Liebe Irrsinn? Im einen Augenblick sehe ich Dich als Jungfrau oder Madonna, und im nächsten sehe ich Dich schamlos, frech, halbnackt und obszön! Was denkst Du eigentlich wirklich von mir? Verabscheust Du mich?

Ich erinnere mich an die erste Nacht in Pola, als Du im Sturm unserer Umarmungen ein bestimmtes Wort gebrauchtest. Es war ein herausforderndes, einladendes Wort, und ich sehe noch Dein Gesicht über mir (Du warst in dieser Nacht *über* mir), wie Du es gemurmelt hast. Auch in *Deinen* Augen war Irrsinn, und ich, wenn ich im nächsten Augenblick in die Hölle gemußt hätte, ich hätte nicht von Dir ablassen können.

Bist also Du auch wie ich, einen Augenblick hoch in den Sternen, im nächsten niedriger als die niedrigste Kreatur?
Mein Glaube an die Macht einer einfachen redlichen Seele ist *ungeheuer*. Die hast Du doch, Nora, nicht wahr?
Ich möchte, daß Du zu Dir sagst: Jim, der arme Bursche, den ich liebe, kommt zurück. Er ist ein armer schwacher triebhafter Mann, und er betet zu mir, daß ich ihn verteidige und stark mache.
Ich gab anderen meinen Stolz und meine Freude. Dir aber gebe ich meine Sünde, meine Torheit, meine Schwachheit und Traurigkeit. JIM

3. September 1909
44 Fontenoy Street, Dublin

Mein wahres Lieb,
Das Geschenk für Dich liegt fertig vor mir auf dem Tisch, während ich dies schreibe. Ich will es Dir jetzt beschreiben. Es ist ein flaches, viereckiges Etui aus braunem Leder mit zwei schmalen Goldleisten. Wenn Du eine Feder drückst, geht es auf, und das Etui selbst ist innen mit weicher, orangefarbener Seide ausgepolstert. Eine kleine, viereckige Karte liegt in dem Etui, und auf der Karte steht in Goldbuchstaben der Name *Nora* und darunter stehen die Jahreszahlen *1904-1909*. Unter der Karte liegt der Schmuck. Es sind fünf kleine, würfelartige Kuben (für jedes der fünf Jahre, die wir fort sind, einer) aus gelblichem Elfenbein, das über

hundert Jahre alt ist. Diese sind durchbohrt und auf eine dünne goldene Kette aufgereiht, deren Glieder wie kleine Sicherheitsnadeln sind, so daß das Ganze ein Halsband bildet, und das Schloß ist hinten neben dem mittleren Würfel. Vorne in der Mitte der Kette, und Teil der Kette selbst (*nicht* wie ein Anhänger daran befestigt), ist ein kleines Täfelchen, ebenfalls aus gelblichem Elfenbein, das wie die Würfel durchbohrt ist und etwa die Größe eines kleinen Dominosteins hat. Dieses Täfelchen hat auf beiden Seiten eine Inschrift, deren Buchstaben eingraviert sind. Die Buchstaben selbst stammen aus einem alten Schriftmusterbuch und sind im Stil des vierzehnten Jahrhunderts und sehr schön und ornamental. Auf die Vorderseite des Täfelchens sind drei Wörter graviert, zwei oben und eins darunter, und auf die Rückseite des Täfelchens sind vier Wörter graviert, zwei oben und zwei darunter. Die Inschrift ergibt (wenn man beide Seiten liest) die letzte Zeile eines der frühen Lieder in meinem Gedichtband[1], eins, das auch vertont worden ist: und daher sind von der Zeile drei Wörter auf die Vorderseite und vier auf die Rückseite graviert. Auf der Vorderseite heißen die Wörter *Love is unhappy* und die Wörter auf der Rückseite heißen *When Love is away*. Die fünf Würfel bedeuten die fünf Jahre der Prüfung und des Mißverständnisses, und das Täfelchen, das die Kette zusammenhält, erzählt von der sonderbaren Traurigkeit, die wir empfanden, und von unserm Leid, als wir getrennt waren.

Das ist mein Geschenk, Nora.[2] Ich habe lange darüber nachgedacht und darauf gesehen, daß jeder Teil nach meinem Wunsch gefertigt wurde.

Rette mich, mein *wahres* Lieb! Rette mich vor der Schlechtigkeit der Welt und meines eigenen Herzens!

JIM

5. September 1909
44 Fontenoy Street, Dublin

Mein liebstes Mädchen,
Morgen abend (Dienstag) hoffe ich, wenn ich das telegraphisch erbetene Geld bekomme, mit Eva und Georgie hier abzufahren.
Und jetzt habe ich eine Neuigkeit für Dich, mein Liebling. Mein guter Freund Kettle[1] heiratet am Mittwoch, und heute abend hatte ich ein vierstündiges Gespräch mit ihm. Er ist der beste Freund, den ich in Irland habe, glaube ich, und er hat mir hier große Dienste geleistet. Er und seine Frau kommen auf ihrer Hochzeitsreise für ein oder zwei Tage nach Triest, und ich bin überzeugt, daß Du, mein Liebling, mir helfen wirst, ihnen einen guten Empfang zu bereiten. Bring das Haus in Ordnung und sorge dafür, daß das Klavier nicht abgeholt wird und daß Du ordentlich angezogen bist. Laß den Schreiner den Tisch und die Hokker bringen. Er ist ein sehr gutmütiger Bursche, und seine Frau wird Dir bestimmt gefallen. Leider habe ich kein Geld, um ihnen etwas zu schenken. Aber ich werde von London aus ein Exemplar der *Chamber Music* schicken[2] lassen. Sag Stannie, er soll es zu meinem Buchbinder tragen und es genau so einbinden lassen wie das für Schott,[3] und zwar *sofort*, damit es fertig ist, wenn sie kommen. Wir werden versuchen, sie so

gut wie möglich zu bewirten, und ich bin überzeugt, daß mein warmherziges Mädchen froh ist, wenn es zwei Menschen Freude machen kann, die am Beginn ihres gemeinsamen Lebens stehen. Stimmt das nicht, Liebste?

Und jetzt zu uns. Heute abend, mein Liebling, war ich im Gresham Hotel und wurde ungefähr zwanzig Leuten vorgestellt, denen allen dieselbe Geschichte erzählt wurde: daß ich der große Schriftsteller der Zukunft in meinem Lande sein würde. All die Schmeicheleien und der Lärm um mich berührten mich kaum. Ich dachte, ich hörte mein Land, wie es mich rief oder die Augen erwartungsvoll auf mich gerichtet hatte. Aber oh, mein Lieb, da war noch etwas anderes, woran ich dachte. Ich dachte an eine, die mich wie einen Kiesel in ihrer Hand hält, und durch deren Liebe und in deren Gesellschaft ich erst noch die Geheimnisse des Lebens erfahren muß. Ich dachte an Dich, Liebste, Du bist mir mehr als die Welt.

Geleite mich, meine Heilige, mein Engel. Führe mich voran. *Alles* was edel und erhaben und tief und wahr und bewegend ist in dem, was ich schreibe, kommt, glaube ich, von Dir. Oh nimm mich auf in das Innerste Deiner Seele, und dann werde ich wahrlich der Dichter meines Volkes werden. Ich fühle das, Nora, wie ich es schreibe. Mein Körper wird bald eindringen in Deinen, oh könnte meine Seele es auch! Oh könnte ich mich schmiegen in Deinen Schoß wie ein Kind, geboren von Deinem Fleisch und Blut, genährt werden von Deinem Blut, schlafen im warmen heimlichen Dunkel Deines Körpers![4]

Meine heilige Liebe, mein Liebling Nora, oh kann es

sein, daß wir jetzt auf der Schwelle zum Himmel unseres Lebens stehen?
Oh, wie ich mich sehne, Deinen Körper mit meinem verschmolzen zu fühlen und Dich unter meinem Kuß vergehen und vergehen und vergehen zu sehn!
Gutnacht, Gutnacht, Gutnacht! JIM

7. September 1909
44 Fontenoy Street, Dublin

Meine kleine schweigsame Nora,
Tage und Tage sind ohne einen Brief von Dir vorübergegangen, aber wahrscheinlich hast Du gedacht, ich wäre schon abgefahren. Wir reisen morgen abend. Gegen Ende der Woche oder Sonntag werden wir zusammensein, hoffe ich.
Und nun, mein Liebling Nora, möchte ich, daß Du alles, was ich Dir geschrieben habe, wieder und wieder liest. Manches davon ist häßlich, obszön und tierisch, manches ist rein und heilig und geistig: alles zusammen bin ich. Und ich glaube, Du siehst jetzt, was ich für Dich empfinde. Du wirst jetzt nicht mehr mit mir zanken, nicht wahr, Liebe? Du wirst meine Liebe immer am Leben erhalten. Ich bin müde heut abend, meine Liebste, und ich würde gern in Deinen Armen schlafen, nicht um Dir etwas zu tun, sondern nur um zu schlafen, schlafen, schlafen in Deinen Armen.
Was für Ferien! Sie waren kein bißchen schön für mich. Meine Nerven sind in einem schrecklichen Zustand durch Sorgen verschiedenster Art. Wirst Du mich pflegen, wenn ich zurückkomme zu Dir?

Ich hoffe, Du trinkst jeden Tag von dem Kakao, und ich hoffe, daß Dein kleiner Körper (oder wenigstens *gewisse* Teile von ihm) ein wenig voller werden. Ich muß gerade lachen, weil ich mir Deine kleinen Mädchenbrüste vorstelle. Du bist eine komische Person, Nora! Vergiß nicht, Du bist jetzt vierundzwanzig, und Dein ältestes Kind ist vier. Verdammt, Nora, Du mußt versuchen, Deiner Stellung gerecht zu werden, und aufhören, das kleine neugierige Mädchen aus Galway zu sein, das Du bist, und eine ganze glückliche liebende Frau werden.

Und doch, wie zärtlich wird mir ums Herz, wenn ich an Deine schmächtigen Schultern und mädchenhaften Glieder denke. Was für eine Schelmin Du bist! [...][1]

Ich wünschte, Du würdest schwarze Unterwäsche tragen. Ich wünschte, Du würdest Dir Gedanken darüber machen, wie Du mir Freude geben, mein Verlangen nach Dir reizen kannst. Und das wirst Du auch, Liebste, und wir werden jetzt glücklich sein, das spüre ich.

Was für ein langer Weg zurück das sein wird, aber oh wie köstlich wird unser erster Kuß sein. Weine nicht, Liebe, wenn Du mich siehst. Ich möchte, daß Deine Augen schön sind und glühen. Was wirst Du wohl als erstes zu mir sagen?

La nostra bella Trieste! Oft habe ich das ärgerlich gesagt, aber heute abend meine ich es ehrlich. Ich sehne mich danach, die Lichter entlang der *riva* glitzern zu sehen, wenn der Zug an Miramar[2] vorbeifährt. Schließlich ist es die Stadt, Nora, die uns Zuflucht gewährt hat. Nach meinem verrückten Abenteuer in Rom[3] bin ich zerschunden und ohne Geld in sie zurückgekehrt, und jetzt wieder nach dieser Reise.

Du liebst mich doch, nicht wahr? Du wirst mich jetzt in Deinen Busen schließen und mich schirmen und vielleicht Mitleid haben mit mir wegen meiner Sünden und Torheiten und mich führen wie ein Kind.

I would in that sweet bosom be
(O sweet it is and fair it is!)
Where no rude wind might visit me.
Because of sad austerities
I would in that sweet bosom be.

I would be ever in that heart
(O soft I knock and soft entreat her!)
Where only peace might be my part.
Austerities were all the sweeter
So I were ever in that heart.[4]

Jim

7. September 1909
44 Fontenoy Street, Dublin

Liebste,
Morgen abend fahren wir. In letzter Minute habe ich alles geschafft, und Eva kommt mit. Stell Dich auf uns ein.
Ich habe versucht, mir Dein Gesicht vorzustellen, aber nur Deine Augen konnte ich sehen. Ich möchte, daß Du für mich so gut, wies nur irgend geht, aussiehst, wenn ich komme. Hast Du jetzt hübsche Kleider? Hat Dein Haar eine schöne Farbe oder ist es voll Asche? Du hast in Deinem Alter nicht das Recht, häßlich und schlampig zu sein, und ich hoffe, jetzt wirst Du mir den Gefallen tun und gut aussehen.

Ich bin den ganzen Tag aufgeregt. Die Liebe ist eine verfluchte Plage, besonders wenn sie auch noch mit Begierde gepaart ist. Es ist entsetzlich aufreizend, wenn ich mir vorstelle, daß Du in diesem Moment am anderen Ende Europas liegst und auf mich wartest, während ich hier bin. Ich bin eben gerade in *keiner angenehmen* Stimmung.
Reden wir von dem Geschenk für Dich. Gefällt Dir die Idee? Oder hältst Du sie für genau so verrückt wie mich? Haben Deine Mutter oder Deine Schwester Dir über mich geschrieben? Ich habe schon den Eindruck, daß sie mich mochten. Wie dumm, daß ich Dir Fragen stelle, die Du zu beantworten keine Zeit hast!
Behalte das Klavier und besorge ein Feldbett für Eva und Georgie. Sieh zu, daß Du ein gutes warmes Mittag- oder Abendessen oder Frühstück für uns hast, wenn wir ankommen. Dafür wirst Du sorgen, nicht wahr? Du wirst mich vom ersten Augenblick an, da ich den Fuß in mein Haus setze, spüren lassen, daß ich in jeder Weise glücklich sein werde. Fang nicht mit Geschichten über Schulden an, die wir haben. Ich möchte Dich bitten, Liebling, so freundlich zu mir zu sein wie Du kannst, da ich entsetzlich nervös bin nach all den Sorgen und *pensieri,* die ich gehabt habe, wirklich, sehr sehr nervös. Wie merkwürdig wird es sein, wenn ich Dich zum ersten Mal wieder erblicke! Wenn ich mir vorstelle, Du wartest, wartest da darauf, daß ich zurückkomme!
Ich hoffe, daß Dir meine Schwester Eva gefällt. Manche sagen, es sei unklug, eine Schwester ins Haus zu bringen, aber Du hast mich ja darum gebeten, Liebe. Du wirst bestimmt freundlich zu ihr sein, meine gut-

herzige kleine Nora. Und in zwei Jahren vielleicht wird Deine Schwester Dilly kommen und ein paar Monate bei uns bleiben.

Mein Liebling, ich habe Dir so viel zu erzählen, und das alles werde ich Dir jede Nacht in den Pausen zwischen dem anderen, was wir tun, erzählen. Was für ein Augenblick das ist, Liebe! Ein kurzes Irresein oder der Himmel. Ich weiß, ich verliere den Verstand in der Zeit, die es dauert. Wie *kalt* Du zuerst warst, Nora, erinnerst Du Dich? Du bist eine sonderbare kleine Person. Und manchmal bist Du wirklich *sehr* warm.

Sieh ein bißchen nach Geld aus, wenn ich zurückkomme. Machst Du mir wohl eine schöne Tasse schwarzen Kaffee in einer schönen kleinen Tasse? Frag dieses schniefende Mädchen Globocnik[1], wie man das macht. Mach einen guten Salat, ja? Nur eins, schlepp keine Zwiebeln oder Knoblauch ins Haus. Du wirst denken, ich bekäm ein Kind.[2] Das ist es nicht, aber ich weiß auch nicht, was ich tun soll, ich bin so verwirrt und aufgeregt.

Meine liebe, liebe, liebe kleine Nora, lebwohl jetzt für heute nacht. Ich habe Dir jede Nacht geschrieben. Nun bin ich nicht *so* schlecht[3]: und ich bringe mein Geschenk für Dich mit. Oh, Herr, wie aufgeregt ich bin! JIM

[Postkarte]
20. Oktober 1909
[Paris][1]

Kam heute hier an und fahre am Abend nach London weiter. Richte Stannie aus, bei *Latzer*[2], Via Veneziani,

2, II, vorzusprechen, dem ich schrieb, daß ihm Stannie in meiner Abwesenheit die Stunden geben wird. Bin in Eile aus Angst, den Zug zu verpassen. *Hadere nicht*

JIM

[?25. Oktober 1909]
44 Fontenoy Street, Dublin

Meine arme kleine einsame Nora,

Ich habe so viele Tage verstreichen lassen, ohne zu schreiben, weil Du mich nur ein paar Minuten, bevor ich aus Triest wegfuhr, einen Schwachsinnigen nanntest, weil ich spät nach Hause kam, nachdem ich den ganzen Tag so viel zu tun gehabt hatte. Aber jetzt tut es mir für Dich leid. *Bitte,* Nora, sag solche Dinge nicht wieder zu mir. Du weißt, daß ich Dich liebe. Beschäftigt wie ich hier seit meiner Ankunft auch bin, denke ich doch den ganzen Tag an Geschenke, die ich Dir mitbringen könnte. Ich will versuchen, Dir eine herrliche Zobel-Garnitur zu kaufen, Kappe, Stola und Muff. Würde Dir das gefallen?

Ich verschwende hier den ganzen Tag mit gewöhnlichen Dublinern, die ich hasse und verachte. So oft ich kann, spreche ich mit meinen Schwestern von Dir, wie ich es auch mit Deiner Schwester Dilly getan hatte, und das ist mein einziger Trost. Es ist sehr grausam für uns, getrennt zu sein. Denkst Du jetzt an die Worte auf Deinem Elfenbein-Halsband? Ich trage diesmal sehr deutlich immer drei Bilder von Dir in meinem Herzen. Das erste, wie ich Dich in dem Augenblick sah, als ich ankam. Ich sehe Dich im Korridor, jung und mädchenhaft in Deinem grauen Kleid und der blauen Bluse,

und höre Deinen sonderbaren Begrüßungsschrei. Zweitens sehe ich Dich, wie Du in jener Nacht zu mir kamst, als ich schlafend auf dem Bett lag, Dein Haar offen und die blauen Bänder an Deiner Chemise. Und schließlich sehe ich Dich auf dem Bahnsteig, einen Augenblick, nachdem ich Lebwohl zu Dir gesagt hatte, wie Du den Kopf halb abwandtest – bekümmert und mit einer so sonderbaren Gebärde der Hilflosigkeit.
Du liebes sonderbares kleines Mädchen! Und doch schreibst Du und fragst, ob ich Deiner überdrüssig sei! Das werde ich nie sein. Liebste, wenn Du nur *ein wenig* höflicher sein wolltest. Ich kann Dir diesmal nicht so oft schreiben, da ich von morgens bis abends furchtbar beschäftigt bin. Hadere nicht, Liebling. Wenn Du das tust, verbaust Du mir die Möglichkeit, überhaupt irgendwas zu tun. Hiernach werden wir, so hoffe ich, viele viele viele lange Jahre des gemeinsamen Glücks vor uns haben.
Meine liebe treue gute kleine Nora, schreib nicht wieder, daß Du an mir zweifelst. Du bist meine einzige Liebe. Du hast mich vollkommen in Deiner Macht. Ich *weiß* und ich *fühle* es, daß ich nur dann in Zukunft etwas Gutes oder Edles schreiben kann, wenn ich an den Türen Deines Herzens lausche.
Wie schön wir uns diesmal miteinander unterhalten haben, Nora, findest Du nicht? Und das wird wieder so sein, Liebe. Coraggio! Bitte schreib mir einen schönen Brief, Liebe, und sag mir, daß Du glücklich bist.
Sag meinem hübschen kleinen Sohn, daß ich eines nachts kommen und ihn küssen werde, wenn er fest schläft, und er soll nicht nach mir jammern, und daß ich hoffe, es ginge ihm besser, und sag meiner lustigen

Tochter, daß ich ihr eine Puppe schicken würde, nur daß ›l'uomo non ha messo la testa ancora‹.[1]
Und nun, mein kleines schlechtgelauntes unerzogenes herrliches kleines Mädchen, versprich mir, nicht zu weinen, sondern mach mir Mut, daß ich mit meiner Arbeit hier vorankomme. Ich wünschte, Du würdest Dir Madame Butterfly ansehen und an mich denken, wenn Du die Worte ›Un bel di‹[2] hörst. JIM
Behalte meine Briefe für Dich, Liebe. Sie sind für Dich geschrieben.

27. Oktober 1909
44 Fontenoy Street, Dublin

Mein Liebling,
Heut nacht ist das alte Liebesfieber wieder in mir erwacht. Ich bin nur das Gehäuse eines Menschen: meine Seele ist in Triest. Nur Du kennst mich und liebst mich. Ich bin mit Vater und Schwester im Theater gewesen – ein elendes Stück[1], ein abscheuliches Publikum. Ich fühlte mich (wie ich mich immer fühle) als Fremder in meinem eigenen Land. Wenn aber Du bei Dir [sic] gewesen wärest, hätte ich den Haß und den Zorn, die ich in meinem Herzen brennen fühlte, Dir ins Ohr sagen können. Vielleicht hättest Du mich gerügt, aber verstanden hättest Du mich auch. Mit Stolz erfüllte mich der Gedanke, daß mein Sohn – meiner und Deiner, der hübsche liebe kleine Junge, den Du mir geschenkt hast, Nora – in Irland immer ein Fremder sein wird, ein Mann, der eine andere Sprache spricht und in einer anderen Kultur aufgewachsen ist.

Mich widern Irland und die Iren an. Sie starren mich an auf der Straße, obwohl ich als einer der ihren geboren wurde. Vielleicht lesen sie in meinen Augen meinen Haß auf sie. Ich sehe rechts und links von mir nichts als das Bild des ehebrecherischen Priesters und seiner Diener und das Bild verschlagener ränkevoller Frauen. Es ist nicht gut für mich, hierherzukommen oder hier zu sein. Vielleicht würde ich, wenn Du bei mir wärest, nicht so sehr leiden. Doch manchmal, wenn diese grauenvolle Geschichte[2] aus Deiner Mädchenzeit mir durch den Kopf geht, befällt mich der Zweifel, ob nicht selbst Du heimlich gegen mich bist. Ein paar Tage, bevor ich von Triest abfuhr, bin ich mit Dir in der Via Stadion spazierengegangen (es war der Tag, als wir den Glastopf für die conserva[3] kauften). Ein Priester kam an uns vorbei und ich sagte zu Dir: ›Empfindest Du nicht einen Abscheu oder Widerwillen, wenn Du einen von diesen Männern siehst?‹ Du antwortetest ein wenig kurz und trocken: ›Nein, gar nicht.‹ Du siehst, ich vergesse alle solche Kleinigkeiten nicht. Deine Antwort verletzte mich und ich verstummte. Dies und ähnliches andere, was Du zu mir gesagt hast, geht mir lange im Kopf herum. Bist Du auf meiner Seite, Nora, oder bist Du heimlich gegen mich?

Ich bin ein eifersüchtiger, einsamer, unzufriedener, stolzer Mensch. Warum hast Du nicht mehr Geduld mit mir und bist nicht freundlicher zu mir? An dem Abend, als wir zusammen in die *Madame Butterfly* gingen, hast Du mich sehr ungezogen behandelt. Ich wollte einfach nur diese schöne zarte Musik gemeinsam mir Dir hören. Ich wollte fühlen, wie Deine Seele so wie meine schmachtend und sehnsüchtig sich wiegt,

wenn sie im zweiten Akt die Romanze ihrer Hoffnung, *Un bel di*, singt: ›Eines Tages sehn wir ein Streifchen Rauch im Osten überm Meer in die Lüfte steigen: Sein Schiff wirst du erkennen.‹ Ich bin ein wenig von Dir enttäuscht. Dann, ein andermal, kam ich nachts vom Café nach Hause an Dein Bett und begann Dir von all dem zu erzählen, was ich in der Zukunft zu tun und zu schreiben hoffte, und von den grenzenlosen Ambitionen, die in meinem Leben die eigentlich treibenden Kräfte sind. Du wolltest nichts davon hören. Es war sehr spät, ich weiß, und natürlich warst Du erschöpft nach dem langen Tag. Aber ein Mann, in dessen Hirn das Feuer der Hoffnung und des Selbstvertrauens brennt, *muß* irgendjemandem erzählen, was er fühlt. Wem sonst als Dir sollte ich das erzählen?
Ich liebe Dich tief und wahrhaftig, Nora. Ich fühle mich Deiner jetzt würdig. Es gibt in meiner Liebe kein Fetzchen, das nicht Dir gehört. Trotz dieser Dinge, die meinen Sinn in meiner Einstellung zu Dir verdüstern, sehe ich Dich immer in Deinen besten Eigenschaften vor mir. Wenn Du mich nur ließest, würde ich Dir alles erzählen, was in meinem Geist vorgeht, aber manchmal scheint mir Dein Blick zu bedeuten, daß ich Dich nur langweilen würde. Trotzdem, Nora, ich liebe Dich. Ich kann nicht ohne Dich leben. Ich würde Dir gern alles geben, was mein ist, alles Wissen, das ich habe (so wenig es auch ist), alle Empfindungen, die ich habe oder gehabt habe, alle Neigungen oder Abneigungen, die ich habe, alle Hoffnungen, die ich habe, oder Gewissensqualen. Ich würde gerne Seite an Seite mit Dir durchs Leben gehen und Dir mehr und mehr erzählen, bis wir zu einem Wesen zusammengewachsen wären,

bis für uns beide die Stunde schlüge, in der wir sterben müßten. Selbst jetzt stürzen mir die Tränen aus den Augen und Seufzer würgen mir in der Kehle, während ich dies schreibe. Nora, wir haben nur ein kurzes Leben, in dem wir lieben können. Oh mein Liebling, sei nur ein wenig freundlicher zu mir, hab ein wenig Nachsicht mit mir, selbst wenn ich unbedacht und schwer zu lenken bin, und glaube mir, wir werden glücklich miteinander sein. Laß mich Dich auf meine Weise lieben. Laß Dein Herz dem meinen immer nahe sein, um jeden Pulsschlag meines Lebens zu hören, jedes Leid, jede Freude.

Erinnerst Du Dich an jenen Sonntagabend – wir kamen vom *Werther*[4] nach Hause, noch spielte in unserem Gedächtnis das Echo der traurigen, todesähnlichen Musik fort, und, auf dem Bett in unserem Zimmer liegend, versuchte ich Dir die Verse aus dem *Connacht Love Song* vorzusagen, die ich so sehr liebe. Sie fangen an

›It is far and it is far
To Connemara where you are‹[5]

Erinnerst Du Dich, daß ich die Verse nicht zu Ende sagen konnte? Das unermeßliche Gefühl zärtlicher Verehrung für Dein Bild, das sich meiner Stimme bemächtigte, als ich die Zeilen aufsagte, war zu viel für mich. Meine Liebe zu Dir ist wirklich eine Art Anbetung.

Nun, Liebste, ich möchte, daß wir glücklich sind. Sieh zu, daß sich Dein Gesundheitszustand bessert, während ich fort bin, und bitte, gehorch mir in den kleinen Dingen, um die ich Dich bitte. Zunächst einmal, iß so viel Du kannst, damit aus dem lieben linkischen simplen schlanken kleinen Mädchen, das Du bist, so etwas wie eine Frau wird. Wenn der Kakao alle ist, soll Stannie mehr bestellen: er kostet 5 s/6 d. Trink mittlerweile reichlich von dem anderen Kakao und der Schokolade. Bezahl etwas von der Rechnung an Deinen Schneider. Ich habe Dir heute zwei Schnittmusterhefte geschickt, nach denen Du aussuchen kannst. Am Samstag schicke ich Dir sieben oder acht Yard Donegal-Tweed, aus dem Du Dir ein neues Kleid machen lassen kannst. Ich habe mich nach einer Pelzgarnitur für Dich umgetan, und wenn es mit meinen Geschäften hier gut geht, werde ich Dich in Pelzen und Kleidern und Hüten aller Art einfach ersticken. Ich habe ein paar sehr schöne Pelze für Dich im Sinn.[6]

Schreib jetzt, meine liebe Liebste, und sag mir, daß Du tust, worum ich Dich bitte. Sag mir, daß Du glücklich bist, weil Du siehst, daß ich Dich liebe und Dir treu bin und an Dich denke. Ich bin Dir treu, Nora, und denke den ganzen Tag und immer an Dich.

Gutnacht, Liebling. Sei glücklich diese kurze Zeit, die wir getrennt sind, und wann immer Du an mich denkst, gib Georgie, meinem Abbild, einen Kuß.

Addio, mia *cara* Nora! JIM

1. November 1909
44 Fontenoy Street, Dublin

Meine liebe kleine Butterfly,

Ich habe heute abend Deinen Brief bekommen und freue mich, daß Dir die Photographie Deines unwürdigen Liebhabers in voller Kriegsbemalung gefällt. Ich hoffe, Du hast das kleine Geschenk von mir, die Handschuhe, erhalten. Ich habe sie Dir, so wie mein erstes Geschenk vor fünf Jahren – aus dem ›Ship‹ geschickt. Das hübscheste Paar ist das da aus Rentierleder: es ist im selben Leder gesäumt, einfach von innen nach außen gekehrt, und müßte warm sein, fast so warm wie gewisse Bezirke Deines Körpers, Butterfly. Zwölf Yard (nicht elf, wie ich schrieb) Tweed wurden Dir von Donegal geschickt. Ich hätte gern, daß der Mantel zu Deinem Kleid fast bis zum Rocksaum reichte, und daß Kragen, Gürtel und Ärmelaufschläge mit dunkelblauem *Leder* besetzt und mit bronzefarbenem oder dunkelblauem Satin gefüttert wären. Wenn die Sache hier in Gang kommt und ich über den fünften November hinaus hierbleiben soll und neues Geld bekomme, hoffe ich Dir eine herrliche Pelzgarnitur schicken zu können, die ich speziell für Dich auswählen werde. Es handelt sich um Feh. Die Garnitur bestünde aus einer Fehkappe mit Veilchen an der Seite und einer langen breiten platten Stola aus Feh und einem beigen Großmutter-Muff aus dem gleichen Pelz an einer Metallkette, beide mit veilchenblauem Satin gefüttert. Würde Dir das gefallen, Liebe? Ich hoffe, daß es mir gelingt, Dir das zu besorgen. Ich bereite auch ein spezielles Weihnachtsgeschenk für Dich vor. Ich habe speziell zugeschnittene Pergamentbogen gekauft und schreibe darauf mein ganzes Gedichtbuch in unauslöschlicher Tusche ab. Dann werde ich sie eigenartig, in einer Art, die mir gefällt, binden lassen, und dieses Buch wird Hunderte von Jahren überdauern.[1] Ich werde alle anderen Mss. meiner Gedichte verbrennen, und dann wirst Du das einzige existierende Exemplar besitzen.[2]

Es ist sehr schwierig, auf Pergament zu schreiben, aber ich mache mir die Arbeit in der Hoffnung, daß es der Frau, die ich liebe, Freude machen wird.
Es ist zwei Uhr nachts. Ich habe hier in der Küche allein gesessen und abgeschrieben, nachdem die alle zu Bett gegangen waren, und jetzt schreibe ich an Dich. Ich wünschte, ich könnte jetzt aufschauen und in Deine Hundeaugen blicken. Ich will versuchen, mir das Vertrauen, das diese Augen in mich haben, zu verdienen.
Hadere nicht, kleine Butterfly. Hier sind einige Verse, vor vierhundert Jahren geschrieben, von einem Dichter, der ein Freund Shakespeares war:

> Tears kill the heart, believe.
> O strive not to be excellent in woe
> Which only breeds your beauty's overthrow.[3]

Du bist eine traurige kleine Person, und ich bin ein verteufelt melancholischer Bursche, so daß unsre Liebe, denk ich, eine recht trübselige Angelegenheit ist. Weine nicht über diesen lästigen jungen Herrn auf der Photographie. Er ist es nicht wert, Liebe.
Es ist sehr freundlich von Dir, wegen dieser verdammten schmutzigen Geschichte nachzufragen, mit der ich zu tun habe.[4] Es ist immerhin nicht schlimmer. Mich hat Dein Schweigen anfangs beunruhigt. Ich befürchtete, Du hättest etwas Ernstliches. Aber es ist alles in Ordnung mit Dir, nicht wahr, Liebste? Gottseidank! Arme kleine Nora, wie schlecht ich zu Dir bin!
Mach Dir keine Sorgen um Eva, aber vielleicht achtest Du darauf, daß Stannie auf sich aufpaßt. Hoffentlich geht es ihm jetzt besser. Addio, Georgino e Lucetta! Vengo subito![5] Und addio, Nora mia! JIM

2. November 1909
c/o Finns Hotel, Nassau Street[1]

lieber Mr. Joyce wie soll ich Ihnen für Ihre Freundlichkeit danken die Schachtel mit Handschuhen die Sie mir geschickt haben sind hübsch und passen herrlich es war eine große Überraschung ein so nettes Geschenk zu bekommen ich hoffe es geht Ihnen sehr gut, und freue ich mich sehr Sie zu sehen ich hoffe Sie werden mir schreiben und mich wissen lassen wann ich Sie wieder treffen kann im Augenblick habe ich ziemlich viel zu tun und kann einige Zeit nicht fort ich hoffe Sie werden mir verzeihen und meinen Dank entgegennehmen.

NORA BARNACLE

18. November 1909[1]
44 Fontenoy Street, Dublin

Ich wage es nicht, Dich heute abend mit irgendeinem vertrauten Namen anzureden.

Den ganzen Tag, seit ich heute morgen Deinen Brief las, habe ich mich wie ein Pinscher gefühlt, der eins über die Augen gezogen bekommen hat. Ich habe jetzt zwei ganze Tage nicht mehr geschlafen und bin durch die Straßen geirrt wie ein dreckiger Köter, den seine Herrin durchgepeitscht und aus dem Haus gejagt hat.

Du schreibst wie eine Königin. So lang ich lebe, werde ich die ruhige Würde dieses Briefes nicht vergessen, seine Traurigkeit und Verachtung, und die tiefe Demütigung, die ich durch ihn erfuhr.

Ich habe Deine Achtung verloren. Ich habe Deine Liebe zerschlissen. Verlaß mich also. Nimm Deine Kinder fort von mir, um sie vor dem Fluch meiner Gegenwart zu retten. Laß mich zurücksinken in den Sumpf, aus dem ich kam. Vergiß mich und meine leeren Worte. Nimm wieder Dein eigenes Leben auf und laß mich allein in mein Verderben gehen. Es ist für Dich von Übel, mit einer ekligen Bestie wie mir zusammenzuleben oder es zuzulassen, daß meine Hände Deine Kinder berühren.

Handle tapfer, wie Du es immer getan hast. Wenn Du beschließt, mich aus Abscheu zu verlassen, werde ich es wie ein Mann tragen, ich werde wissen, daß ich es tausendfach verdiene, und werde Dir zwei Drittel meines Einkommens überlassen.

Ich sehe es allmählich. Ich habe Deine Liebe getötet. Ich habe es dahin gebracht, daß Du von Abscheu vor mir und Verachtung gegen mich erfüllt bist. Laß mich jetzt wieder mit den Dingen und Gefährten sein, die mir so teuer waren. Ich werde mich nicht beklagen. Ich habe kein Recht, mich zu beklagen oder auch nur den Blick zu Dir zu erheben. Ich habe mich in Deinen Augen zutiefst entwürdigt.

Verlaß mich. Es ist eine Entwürdigung und eine Schande für Dich, mit einem gemeinen Hund wie mir zu leben. Handle tapfer und verlaß mich. Du hast mir das Schönste gegeben, das es auf dieser Welt gibt, aber Du hast nur Perlen vor die Säue geworfen.

Wenn Du mich verläßt, werde ich ewig mit der Erinnerung an Dich leben, die für mich heiliger ist als Gott. Ich werde zu Deinem Namen beten.

Nora, behalte auch etwas Gutes im Gedächtnis von dem armen Hund, der Dich mit seiner Liebe entehrte. Denk daran, daß Deine Lippen ihn geküßt haben und

Dein Haar ihn bedeckt hat und daß Deine Arme ihn an Dich gedrückt haben.
Ich setze meinen Namen nicht hier darunter, weil es der Name ist, bei dem Du mich nanntest, als Du mich liebtest und mich ehrtest und mir Deine junge zarte Seele gabst, damit ich sie verwundete und betrog.

19. November 1909
44 Fontenoy Street, Dublin

Ich habe heute zwei sehr freundliche Briefe von ihr bekommen, vielleicht bedeute ich ihr also trotz allem noch etwas. Als ich gestern nacht an sie schrieb, war ich in einem Zustand tiefster Verzweiflung. Das geringste ihrer Worte hat eine ungeheure Macht über mich. Sie bittet mich, ich soll versuchen, das ungebildete Mädchen aus Galway zu vergessen, das in mein Leben trat, und sagt, ich sei zu freundlich zu ihr. Törichtes gutherziges Mädchen! Sieht sie denn nicht, was für ein nichtswürdiger, verräterischer Tor ich bin? Vielleicht macht sie ihre Liebe zu mir dafür blind.
Ich werde nie vergessen, wie ihr kurzer Brief gestern mich ins Mark getroffen hat. Ich spürte, daß ich ihre Güte zu sehr auf die Probe gestellt hatte, und daß sie endlich sich in stiller Verachtung gegen mich gekehrt hatte.
Heute ging ich zu dem Hotel, in dem sie war, als ich sie kennenlernte. Bevor ich hineinging, blieb ich in dem schäbigen Eingang stehen, so aufgeregt war ich. Ich habe ihnen meinen Namen nicht gesagt, aber ich habe den Eindruck, daß sie wissen, wer ich bin. Heute abend

saß ich zum Essen an dem Tisch im Speisesaal am Ende der Halle mit zwei Italienern. Ich aß nichts. Ein Mädchen mit blassem Gesicht bediente, vielleicht ihre Nachfolgerin.

Es ist dort sehr irisch. Ich habe so lange im Ausland und in so vielen Ländern gelebt, daß ich aus allem sofort die Stimme Irlands heraushören kann. Die Unordnung auf dem Tisch war irisch, die Verwunderung auf den Gesichtern ebenfalls, die neugierig herüberschauenden Augen der Frau selbst und ihrer Kellnerin. Ein fremdes Land ist das für mich, obwohl ich in ihm geboren wurde und einen seiner alten Namen trage.

Ich bin in dem Zimmer gewesen, durch das sie so oft gegangen ist, mit einem sonderbaren Liebestraum in ihrem jungen Herzen. Mein Gott, meine Augen sind voller Tränen! Warum weine ich? Ich weine, weil es so traurig ist, sich vorzustellen, wie sie in diesem Zimmer umherging, wenig aß, schlicht gekleidet, mit schlichten Manieren und aufmerksam, und immer heimlich in ihrem Herzen die kleine Flamme mit sich trug, die die Seelen und Körper der Männer verzehrt.

Ich weine auch aus Mitleid mit ihr, daß sie sich eine solche armselige, unedle Liebe wie die meine wählen mußte: und aus Mitleid mit mir selbst, daß ich nicht würdig war, von ihr geliebt zu werden.

Ein fremdes Land, ein fremdes Haus, fremde Augen und der Schatten eines fremden, fremden Mädchens, das schweigend am Feuer steht oder durchs Fenster auf den nebligen Collegepark hinausschaut. Was für eine geheimnisvolle Schönheit umhüllt jeden Ort, an dem sie gelebt hat!

Zweimal heute nacht, während ich diese Sätze schrieb,

schnürte mir ein Schluchzen die Kehle und brach über meine Lippen.
Ich habe in ihr das Bild der Schönheit der Welt geliebt, das Geheimnis und die Schönheit des Lebens selbst, die Schönheit und Verdammnis des Volkes, dessen Kind ich bin, die Bilder der Reinheit des Geistes und des Mitleids, an die ich als Junge glaubte.
Ihre Seele! Ihr Name! Ihre Augen! Sie erscheinen mir wie sonderbar-fremde schöne blaue wilde Blumen, die in einer verwucherten, regendurchnäßten Hecke wachsen. Und ich habe gefühlt, wie ihre Seele neben der meinen zitterte, und habe ihren Namen leise in die Nacht gesprochen, und habe geweint, wie ich die Schönheit dieser Welt wie einen Traum hinter ihren Augen vorüberziehen sah. *[ohne Unterschrift]*

22. November 1909
44 Fontenoy Street, Dublin

Liebste,
Dein Telegramm lag in jener Nacht auf meinem Herzen. Als ich Dir diese letzten Briefe schrieb, war ich in tiefster Verzweiflung. Ich dachte, ich hätte Deine Liebe und Achtung verloren – wie ich es wohl verdient hatte. Dein Brief an mich heute morgen ist sehr lieb, aber ich warte auf den Brief, den Du wahrscheinlich nach Absendung des Telegramms geschrieben hast.
Noch wage ich es kaum, Liebe, mich Dir gegenüber irgend vertraulich zu benehmen, bevor Du es mir nicht wieder gestattest. Ich fühle, ich sollte mich zurückhalten, wenn Du den Brief auch in Deiner altvertrauten

schelmenhaften Art geschrieben hast. Ich meine, wenn Du schreibst, was Du mit mir machen wirst, falls ich Dir in einer gewissen Beziehung nicht gehorche.[1]
Nur eins erlaube ich mir zu sagen. Du sagst, Du möchtest, daß meine Schwester Dir etwas Unterzeug mitbringt. Bitte nicht, Liebe. Ich mag es nicht, wenn irgendjemand, und sei es eine Frau oder ein Mädchen, Dinge sieht, die Dir gehören. Ich wünschte, Du nähmst es etwas genauer und ließest gewisse Kleidungsstücke von Dir nicht herumliegen, ich meine, wenn sie von der Wäsche gekommen sind. Oh, ich wünschte, Du hieltest alle diese Dinge *geheim, geheim, geheim.* Ich wünschte, Du hättest einen großen Vorrat an Unterwäsche aller Art, in allen möglichen zarten Tönungen, und weggeschlossen in einem großen, von Parfum duftenden Schrank.[2]
Wie jämmerlich ist es, von Dir getrennt zu sein! Hast Du Deinen armen Liebsten wieder an Dein Herz genommen? Ich warte sehnsüchtig auf Deinen Brief und danke Dir doch für Dein liebes gutes Telegramm.
Bitte mich jetzt nicht, einen langen Brief zu schreiben, Liebste. Was ich eben geschrieben habe, hat mich ein wenig traurig gestimmt. Ich bin es müde, Dir Wörter zu senden. Unsere Lippen aufeinander, unsere Arme verschlungen, unsere Augen vergehend vor trauriger Freude, einander zu besitzen, das würde mir besser gefallen.
Verzeih mir, Liebste. Ich hatte die Absicht, zurückhaltender zu sein. Und doch muß ich mich sehnen und sehnen und sehnen nach Dir. JIM

27. November 1909 Samstag abd.
[Dublin]

Liebste Nora,
Ich fahre heute abend in wenigen Minuten nach Belfast[1] und verpasse Deinen Brief heute abend. Morgen komme ich zurück und werde wieder schreiben. Träum von mir. Dein Liebster JIM

2. Dezember 1909
44 Fontenoy Street, Dublin

Mein Liebling,
Ich sollte Dich vielleicht als erstes um Verzeihung bitten für den außergewöhnlichen Brief, den ich Dir gestern nacht geschrieben habe. Während ich ihn schrieb, lag Dein Brief vor mir und meine Augen waren, wie jetzt sogar auch, auf ein bestimmtes Wort darin fixiert. Der bloße Anblick der Buchstaben hat etwas Unanständiges und Wollüstiges. Auch der Klang des Wortes ist wie der Akt selbst, kurz, brutal, unwiderstehlich und teuflisch.
Liebling, fühle Dich nicht verletzt durch das, was ich geschrieben habe. Du dankst mir für den schönen Namen, den ich Dir gegeben habe. Ja, Liebe, es ist ein hübscher Name ›Meine schöne wilde Heckenblume! Meine dunkelblaue, regendurchnäßte Blume!‹[1] Du siehst, ich bin immer noch ein wenig Dichter. Ich mache Dir auch ein wunderschönes Buch zum Geschenk: und es ist das Geschenk eines Dichters an die Frau, die er liebt. *Aber,* neben und innerhalb dieser meiner geistigen Liebe zu Dir gibt es auch ein wildes tierisches Ver-

langen nach jedem Zoll Deines Körpers, nach jedem heimlichen und anrüchigen Teil, nach jedem seiner Düfte und Akte. Meine Liebe zu Dir macht, daß ich zu dem Geist ewiger Schönheit und Zartheit, der sich in Deinen Augen spiegelt, bete, oder daß ich mich auf Dich stürze [...][2] Sie macht, daß ich bei irgendeinem winzigen Wort in Tränen des Mitleids und der Liebe ausbreche, vor Liebe zu Dir erzittere beim Erklingen eines Akkords oder einiger Takte Musik [...][3]
Du bist mein, Liebling, mein! Ich liebe Dich. Alles was ich oben geschrieben habe, ist nur ein momentaner viehischer Irrtum [...][4]
Nora, mein treuer Liebling, mein schurkiges Schulmädchen mit den süßen Augen [...][5] immer bist Du meine schöne wilde Heckenblume, meine dunkelblaue regendurchnäßte Blume. Jim

3. Dezember 1909
44 Fontenoy Street, Dublin

Mein kleiner Klostermädchen-Liebling,
Irgendein Stern ist der Erde zu nahe, denn noch immer habe ich wie einen Anfall von Fieber ein tierisches Verlangen in mir. Heute blieb ich oft mit einem Ausruf auf der Straße stehen, jedes Mal nämlich, wenn ich an die Briefe dachte, die ich Dir gestern nacht und die Nacht davor geschrieben hatte. Sie müssen sich gräßlich lesen im kalten Tageslicht. Vielleicht hat ihre Derbheit Dich angeekelt. Ich weiß, Du bist eine viel zartere Natur als Dein außergewöhnlicher Liebster [...][1] Als ich heute morgen Deinen Expreßbrief bekam und sah, wie besorgt Du um Deinen nichtswürdigen Jim bist, schäm-

te ich mich dessen, was ich geschrieben habe. Doch jetzt ist die Nacht, die heimliche, sündige Nacht wieder auf die Welt herabgekommen, und ich bin wieder allein und schreibe an Dich, und wieder liegt vor mir auf dem Tisch aufgefaltet Dein Brief. Bitte mich nicht, ins Bett zu gehen, Liebe. Laß mich an Dich schreiben, Liebe.
Wie Du weißt, Liebste, benutze ich beim Reden nie unanständige Wörter. Du hast mich nie vor anderen ein unpassendes Wort äußern hören, nicht wahr. Wenn Männer hier in meiner Gegenwart dreckige oder schlüpfrige Geschichten erzählen, lächle ich kaum einmal. Du aber scheinst mich in eine Bestie zu verwandeln. Du warst es selbst, Du freches schamloses Mädchen, Du hast mich zuerst auf diesen Weg gebracht [...][2]
Allmächtiger Gott, was für eine Sprache ist das, in der ich meiner stolzen blauäugigen Königin schreibe! Wird sie sich weigern, mir meine derben beleidigenden Fragen zu beantworten? Ich weiß, ich riskiere einiges, wenn ich in dieser Weise schreibe, aber wenn sie mich wirklich liebt, wird sie spüren, daß ich vor Lust verrückt bin und daß ich alles wissen muß.
Antworte mir, mein Herz. Selbst wenn ich erführe, daß auch Du gesündigt hast, vielleicht würde mich das sogar noch enger an Dich binden. Ich liebe Dich in jedem Falle. Ich habe Dir Dinge geschrieben und gesagt, die einer anderen Frau zu sagen mir mein Stolz *nie wieder* gestatten würde.
Mein Liebling Nora, ich lechze vor Gier nach Deinen Antworten auf meine dreckigen Briefe. Ich schreibe Dir offen, weil ich jetzt fühle, daß ich mein Wort Dir gegenüber halten kann.

Sei nicht böse, liebe liebe Nora, meine kleine wilde Heckenblume. Ich liebe Deinen Körper, sehne mich nach ihm, träume von ihm.
Sprecht zu mir, liebe Lippen, die ich in Tränen geküßt habe. Wenn dieses Dreckige, das ich geschrieben habe, Dich beleidigt, bring mich mit der Peitsche wieder zur Vernunft, wie Du es schon früher getan hast. Gott helfe mir!
Ich liebe Dich, Nora, und es scheint, daß auch dies ein Teil meiner Liebe ist. Vergib mir! Vergib mir! JIM

6. Dezember 1909
44 Fontenoy Street, Dublin

Noretta mia!
Ich habe heute abend Deinen mitleiderregenden Brief erhalten, in dem Du mir schreibst, daß Du ohne Unterwäsche herumläufst. Ich habe am 25. nicht 200 Kronen bekommen, sondern nur 50 Kronen und weitere 50 am 1. Genug vom Geld. Ich schicke Dir einen kleinen Geldschein und hoffe, Du kannst Dir dafür wenigstens für Dich selbst eine hübsche Rüschenhose kaufen, und werde Dir mehr schicken, wenn ich wieder Geld bekomme. Ich möchte gerne, daß Du Hosen mit drei oder vier Rüschen trägst, übereinander, an den Knien und die Schenkel hoch, und mit großen, karmesinroten Schleifen darin, ich meine nicht Schulmädchen-Hosen mit einem dünnen schäbigen Litzensaum, die knapp sitzen und so dünn sind, daß das Fleisch durchscheint, sondern Frauen- (oder wenn Dir das Wort lieber ist) Damenhosen mit einem vollen lockeren Hosenboden

und weiten Beinen, ganz in Rüschen und Litzen und Bändern und stark duftend [...][1]

Basta per stasera![2]

Ich hoffe, Du hast mein Telegramm erhalten und es *verstanden.*

Leb wohl, mein Liebling, Du, die ich zu entwürdigen und zu verderben trachte. *Wie um Gotteswillen* ist es möglich, daß Du so etwas wie mich lieben kannst?

Oh, ich bin so gespannt auf Deine Antwort, Liebling!

JIM

10. Dezember 1909[1]
44 Fontenoy Street, Dublin

Liebste,

Ich bin furchtbar enttäuscht von Deinem Brief heute abend. Den ganzen Tag habe ich überlegt, wie ich den kleinen Schein zusammenbekäme, den ich beilege, und war gespannt, was Du mir schreiben würdest.

Ich habe Dir telegraphiert: *Gib acht.* Ich meinte, Du solltest achtgeben, daß Du meine Briefe für Dich behältst, achtgeben, daß niemand Deine Erregung bemerkt, und achtgeben, daß Du nicht (jetzt schäme ich mich fast es hinzuschreiben). Ich hatte Angst, Nora, Du könntest so scharf werden, daß Du Dich jemand hingeben würdest.

Kauf Dir etwas Hübsches für diesen Schein, Liebste. Ich werde mich entsetzlich elend fühlen, wenn es mit diesen letzten Briefen, wie wir sie uns geschrieben haben, aus ist. Ich bin durch die Arbeit hier völlig erschöpft. Gestern nacht kam ich vor lauter Briefen und Anzeigen und Telegrammen erst gegen fünf ins Bett.

Dein Brief ist so kalt, daß ich nicht das Herz habe, Dir wie bisher zu schreiben. Ich habe Deine anderen Briefe lange betrachtet und gewisse Wörter darin geküßt, eines davon wieder und wieder.

Vielleicht wirst Du morgen wieder schreiben. Gute Nacht, Liebste.

JIM

11. Dezember 1909
44 Fontenoy Street, Dublin

Meine liebste Nora,

Wieder kein Brief von Dir heute abend. Du hast nicht geantwortet.

Die vier Italiener sind aus Finn's Hotel ausgezogen und wohnen jetzt über dem Vorstellungsraum. Ich habe Böses mit Gutem vergolten und Deiner ehemaligen Arbeitgeberin £ 20 bezahlt. Bevor ich aus dem Hotel auszog, sagte ich der Kellnerin, wer ich sei, und bat sie, mir das Zimmer zu zeigen, in dem Du schliefst. Sie ging mit mir nach oben und brachte mich hin. Du kannst Dir vorstellen, wie aufgeregt ich war und wie ich mich entsprechend benahm. Ich sah das Zimmer meiner Liebsten, ihr Bett, die vier kleinen Wände, zwischen denen sie von meinen Augen und meiner Stimme träumte, die kleinen Vorhänge, die sie am Morgen beiseitezog, um in den grauen Dubliner Himmel zu schauen, die armseligen bescheidenen dummen Dinge an den Wänden, über die ihr Blick glitt, während sie am Abend ihren schönen jungen Körper entkleidete.

Ah, nicht Lust, Liebste, nicht der wilde brutale Irrsinn, den ich Dir in diesen letzten Tagen und Nächten geschrieben habe, nicht das wilde tierische Verlangen nach Deinem Körper, Liebste, ist es, was mich damals zu Dir hinzog und mich jetzt an Dich bindet. Nein, Liebste, das ganz und gar nicht, sondern eine sehr zarte, verehrungsvolle, mitleidige Liebe zu Deiner Jugend und Mädchenhaftigkeit und Schwäche. Oh der süße Schmerz, den Du in mein Herz getragen hast! Oh das Geheimnis, von dem Deine Stimme zu mir spricht!

Heute nacht will ich Dir nicht schreiben, wie ich es sonst getan habe. Alle Männer sind Tiere,[1] Liebste, aber zumindest in mir ist manchmal auch etwas Höheres. Ja, auch ich habe manchmal in meiner Seele das Brennen jenes reinen und heiligen Feuers gespürt, das ewig auf dem Altar des Herzens meiner Geliebten brennt. Ich hätte an jenem kleinen Bett niederknien und mich einem Tränenstrom überlassen können. Meine Augen füllten sich mit Tränen, wie ich dastand und es betrachtete. Ich hätte niederknien und da beten können, wie die drei Könige aus dem Morgenland niederknieten und vor der Krippe beteten, in der Jesus lag. Sie waren durch Wüsten und über Meere gezogen und brachten ihre Gaben, ihre Weisheit und ihr königliches Gefolge mit, um vor einem kleinen neugeborenen Kind zu knien, und ich hatte meine Irrtümer und Torheiten und Sünden, mein Staunen und meine Sehnsucht mitgebracht, um sie an dem kleinen Bett, in dem ein junges Mädchen von mir geträumt hatte, niederzulegen.

Liebste, es tut mir so leid, daß ich nicht einmal einen armseligen Fünf-Lire-Schein habe, den ich Dir heute nacht schicken könnte, aber am Montag werde ich Dir einen schicken. Ich fahre morgen nach Cork, aber ich würde lieber gen Westen fahren, zu jenen merkwürdigen Orten, deren Namen mich durchzittern, wenn Du sie aussprichst: Oughterard,[2] Clare-Galway, Coleraine, Oranmore, zu jenen wilden Feldern von Connacht, auf denen Gott ›meine schöne wilde Heckenblume, meine dunkelblaue regendurchnäßte Blume‹ wachsen ließ.

JIM

[Brieffragment]
[?13. Dezember 1909]
[Dublin]

zu anderen gehen? Du gibst mir alles und mehr, als die mir geben können. Glaubst Du endlich an meine Liebe, Liebste? Ah, Du mußt, Nora! Weißt Du, alle, die mich je gesehen haben, lesen es in meinen Augen, wenn ich von Dir spreche. ›Sie leuchten wie Kerzen in meinem Gesicht auf‹, wie Deine Mutter sagt.

Die Zeit wird jetzt im Flug vergehen, mein Liebling, bis Deine zarten liebenden Arme mich umfangen. Ich werde Dich *nie* wieder verlassen. Nicht nur will ich Deinen Körper (wie Du weißt), sondern ich will auch Deine Gesellschaft. Mein Liebling, ich glaube, daß verglichen mit Deiner herrlichen großmütigen Liebe zu mir, sich meine Liebe zu Dir sehr armselig und kärglich ausnimmt. Aber es ist das Beste, was ich Dir geben kann, mein innig geliebtes Herz. Nimm sie, meine Geliebte, rette mich und schirme mich. Ich bin Dein Kind, wie ich Dir sagte, und Du mußt streng mit mir sein, meine kleine Mutter. Bestrafe mich soviel Du willst.

Ich wäre entzückt, mein Fleisch unter Deiner Hand brennen zu fühlen. Weißt Du was ich meine, Nora, Liebe? Ich wünschte, Du würdest mich schlagen oder sogar auspeitschen. Nicht im Spaß, Liebe, im Ernst und auf mein nacktes Fleisch. Ich wünschte, du wärst stark, *stark*, Liebe, und hättest einen großen vollen stolzen Busen und große dicke Schenkel. Mir wäre es eine Lust, von Dir gepeitscht zu werden, Nora, Geliebte! [...][1] Verzeih mir, Liebe, wenn dies alles albern ist. Ich habe diesen Brief so ruhig angefangen und doch *muß* ich ihn auf meine eigene irre Weise enden.
Bist Du beleidigt durch mein grauenvolles, schamloses Schreiben, Liebe? Bei manchen dieser dreckigen Dinge, die ich geschrieben habe, bist Du bestimmt rot geworden. Bist Du beleidigt, weil ich gesagt habe, ich sähe den braunen Fleck so gern an, der hinten auf Deiner mädchenhaften weißen Hose durchkommt?[2] Du hältst mich sicher für einen dreckigen, gemeinen Kerl. Wie wirst Du auf diese Briefe antworten? Ich hoffe und hoffe, *auch Du* wirst mir Briefe schreiben, die noch irrer und schmutziger sind als meine an Dich.
Du kannst das, wenn Du es nur willst, Nora, denn ich muß Dir auch sagen, daß *[bricht ab]*

15. Dezember 1909
44 Fontenoy Street, Dublin

Liebste,
Kein Brief! nur ein kurzer, grober von Stannie. Erspare mir um Gotteswillen all den alten Ärger,[1] oder ich ende noch im Irrenhaus. Sieh zu, Liebe, daß alles, bis

Dein Geliebter zurückkommt, glatt läuft. Mehr kann ich nicht schreiben. Weswegen greift er mich an? Ich tue mein Bestes für Euch alle. Bitte, Liebe, gib ihm viel zu essen und sorge, daß er's bequem hat. Belästige ihn nicht mit Schulden: und um Gotteswillen belästige mich nicht damit. Ich habe Dir Bilder geschickt. Er soll sie in der Küche aufhängen, das große gegenüber dem Ofen. Gut aufhängen.
Kein Brief! Jetzt weiß ich genau, daß meine dreckigen Worte mein Mädchen beleidigt haben [...][2]
Zu Bett – zu Bett![3]
Gute Nacht, Nora mia! JIM

16. Dezember 1909
44 Fontenoy Street, Dublin

Mein süßes Lieblingsmädchen,
Endlich schreibst Du mir! [...][1]
Wir haben noch nicht eröffnet. Ich schicke Dir einige Plakate. Wir hoffen am 20. oder 21. zu eröffnen.[2] Rechne von da an 14 Tage und 3 1/2 Tage für die Reise, und ich bin in Triest.
Mach alles fertig. Leg Linoleum in warmem Braun in die Küche und hänge für die Nacht ein Paar einfache rote Vorhänge vor die Fenster. Besorg irgendeinen billigen einfachen bequemen Lehnstuhl für Deinen trägen Liebsten. Dies vor allem, Liebling, da ich die Küche nach meiner Ankunft eine Woche lang nicht verlassen werde, ich will lesen, mich räkeln, rauchen und Dir zusehen, wenn Du das Essen machst, und mit Dir *reden, reden, reden, reden.* Oh *wie überglücklich* werde ich

sein!! Gott im Himmel, ich werde da glücklich sein! I figlioli, il fuoco, una buona mangiata, un caffè nero, un Brasil,[3] il Piccolo della Sera, e Nora, Nora mia, Norina, Noretta, Norella, Noruccia ecc ecc ...[4]
Eva und Eileen müssen in einem Bett schlafen. Sieh zu, daß Du einen Platz für Georgie findest. Ich wünschte, Nora und ich hätten zwei Betten für Nachtarbeit. Ich *halte* mein Versprechen und *werde es halten*, Geliebte. Zeit flieg hin, flieg rasch hin!! Ich will zurück zu meiner Geliebten, meinem Leben, meinem Stern, meinem kleinen seltsam-äugigen Irland!
Einhunderttausend Küsse, Liebling! JIM

20. Dezember 1909
44 Fontenoy Street, Dublin

Mein süßes freches Mädchen,
Ich habe heute abend Deinen heißen Brief bekommen [...][1]
Heute war Eröffnung des Cinematographen. Ich fahre am Sonntag, dem 2. Januar, nach Triest. Ich hoffe, Du hast in der Küche alles gemacht, wie ich gesagt habe, Linoleum und Lehnstuhl und Vorhänge. Nähe übrigens Deine Hosen nicht in Gegenwart anderer. Ist Dein Kleid fertig? Ich hoffe es – mit einem langen Überwurf, Gürtel und Aufschläge aus Leder etc. Wie ich Eileens[2] Reisegeld zusammenbekommen soll, weiß ich nicht. Sorge um Gotteswillen dafür, daß wir beide ein bequemes Bett haben. Ich habe keinen besonderen Wunsch, Dir etwas zu tun, Liebe. Alles was ich will ist Deine Gesellschaft. Du kannst wegen meines Umgangs

mit – –[3] ganz beruhigt sein. Du verstehst doch. Das geschieht nicht, Liebe.
Oh, bin ich jetzt hungrig. Wenn ich ankomme, soll Eva so einen Threepenny-Pudding machen und irgendeine Vanillesoße ohne Wein. Ich hätte gerne Roastbeef, Reissuppe, capuzzi garbi,[4] Kartoffelbrei, Pudding und schwarzen Kaffee. *Nein, nein,* ich hätte gerne stracotto di maccheroni,[5] einen gemischten Salat, gedünstete Pflaumen, torroni,[6] Tee und Presnitz.[7] Oder, *nein,* ich hätte gern gedunsteten Aal oder Polenta[8] mit . . .[9]
Verzeih mir, Liebe, ich bin *hungrig* heut nacht.
Nora, Liebling, ich hoffe, wir haben ein glückliches Jahr miteinander. Ich schreibe Stannie morgen über Cinematographen.
Ich bin *so* froh, daß Miramar jetzt in Sicht ist. Ich hoffe nur, daß ich diese verfluchte Sache nicht wieder in Gang gebracht habe durch das, was ich getan habe. *Bete* für mich, Liebste.
Addio, addio, addio, addio! JIM

22. Dezember 1909
44 Fontenoy Street, Dublin

Meine liebste Nora,
Ich schicke Dir mit gleicher Post eingeschrieben, per Expreß und versichert, ein Weihnachtsgeschenk.[1] Es ist das Beste (so armselig es letzten Endes ist), was ich Dir anzubieten vermag, um Deine aufrichtige und treue und gläubige Liebe zu vergelten. Ich habe jede Einzelheit durchdacht, während ich nachts wachlag oder im Wagen durch Dublin raste, und ich glaube, es

ist alles in allem hübsch geworden. Aber selbst wenn Du bei seinem ersten Anblick nur für einen einzigen kurzen Augenblick vor Wonne errötetest, oder wenn dadurch Dein treues, zärtlich liebendes Herz vor Freude rascher schlüge, fühlte ich mich für meine Mühe *sehr, sehr, sehr* reichlich entlohnt.

Vielleicht wird dieses Buch, das ich Dir jetzt schicke, Dich und mich überleben. Vielleicht wird die Hand irgendeines jungen Mannes oder eines jungen Mädchens (unsere Kindeskinder) die Pergamentblätter ehrfürchtig umschlagen, wenn die beiden Liebenden, deren Initialen sich auf dem Deckel ineinander verflechten, längst nicht mehr auf dieser Erde weilen. Nichts, Liebste, wird dann geblieben sein von unseren armen, von Leidenschaft getriebenen Menschenleibern, und wer kann sagen, wo die Seelen, die einander durch ihre Augen ansahen, dann sein werden. Ich würde beten, daß meine Seele in den Wind verstreut würde, wenn Gott mich nur sanft und auf ewig um eine seltsame einsame dunkelblaue regendurchnäßte Blume in einer wilden Hecke in Aughrim oder Oranmore wehen ließe. JIM

23. Dezember 1909
44 Fontenoy Street, Dublin

Meine liebste Nora,

Wenn Du diese Zeilen erhältst, wirst Du mein Geschenk und meinen Brief bekommen haben, und Dein Weihnachten wird vorüber sein. Ich möchte jetzt, daß Du Dich auf mein Kommen vorbereitest. Wenn nichts Besonderes dazwischen kommt, verlasse ich Irland am

Samstag, dem 1. Januar, um 9.20 abends zusammen mit Eileen, obwohl ich nicht weiß, wie oder woher ich das Geld dafür bekommen soll. Ich hoffe, Du hast die Plakate in der Küche aufgehängt. Ich habe die Absicht, sie Woche für Woche mit den Programmen zu tapezieren. Wenn Du ein paar Yard Linoleum oder einen alten Teppich und irgendeinen kaputten, *bequemen* billigen Lehnstuhl für die Küche und ein paar billige, einfache rote Vorhänge beschaffen könntest, würde ich mich dort bestimmt sehr wohl fühlen. Besteht irgendeine Möglichkeit, daß wir ein weiteres Bett bekommen? Vielleicht würde uns Francini seins zu monatlichen Raten verkaufen. Ich habe Dir jeden Penny, den ich erübrigen konnte, geschickt, Liebste, aber jetzt bin ich am Ende, da das Geschenk für Dich, Du kleiner Racker, mich furchtbar viel Soldi gekostet hat. Aber denk nicht, daß mir das leid tut, Liebling. Ich bin froh, daß ich Dir etwas so Reizendes und Schönes habe geben können. Du mußt jetzt Stannie *drängen*, Liebling, daß er mir hilft, rasch mit Eileen zurückkommen zu können, und dann werden wir unser gemeinsames Leben wieder beginnen. Oh, wie ich die Rückreise genießen werde! Mit jeder Station werde ich dem Frieden meiner Seele näher sein. Oh, was für ein Gefühl wird es für mich sein, wenn ich das Schloß Miramar zwischen den Bäumen sehe und die langen, gelben Kais von Triest! Warum ist es mir bestimmt, daß ich so oft in meinem Leben mit sehnsuchtsvollen Augen auf Triest schauen muß? Liebling, wenn ich jetzt zurückkomme, möchte ich, daß Du immer Geduld mit mir hast. Du wirst sehen, Liebe, daß ich *kein schlechter Mensch bin.* Ich bin ein armer impulsiver sündiger generöser selbstsüchtiger eifersüchtiger unzufriedener gutartiger Poet, aber ich bin kein schlechter hinterlistiger Mensch. Versuch, mich zu beschirmen, Liebste, vor den Stürmen der Welt. Ich liebe Dich (glaubst Du es jetzt, Liebling?) und oh, ich bin so müde nach allem, was ich hier getan habe, daß ich wohl, wenn ich zur Via Scussa komme, nur noch ins Bett kriechen, Dich zärtlich auf die Stirn küssen, mich in die Decken einrollen und schlafen, schlafen, schlafen werde.

Liebling, ich freue mich so, daß Dir das Bild von mir als Kind gefällt. Ich habe als Kind wild-entschlossen ausgesehen, hm? Und wirklich, Liebe, ich bin heute noch genauso ein kleines Kind wie damals. Immerfort fallen mir die närrischsten Dinge ein. Du erinnerst Dich an das Bild von dem Mann mit dem erhobenen Finger oben auf dem *Piccolo della Sera,* von dem Du sagst, es sei ›Jim, dem etwas Neues eingefallen ist.‹[1] Ich bin *überzeugt,* Liebling, in meines Herzens Herzen mußt Du mich für einen armen albernen Jungen halten. Du stolzes kleines unwissendes keckes liebes warmherziges Mädchen, wie kommt es, daß ich Dich nicht mit meinen großspurigen Posen beeindrucken kann wie andere Menschen? Du durchschaust mich, Du gerissenes kleines blauäugiges Luder, und lächelst vor Dich hin, weil Du weißt, daß ich ein Schwindler bin, und doch liebst Du mich.

Liebste, in Deinem Brief ist eine Stelle, auf die ich ungern eingehe.[2] Ich habe *keinerlei Recht,* das zu tun, und ich erkenne an, daß es Dir freisteht, so zu handeln, wie Du es für richtig hältst. Ich werde Dich nicht bitten, an unsere Kinder zu denken. Aber denk daran, daß wir einander – wir waren fast noch Junge und

Mädchen – in jenem himmlischen Sommer vor fünf Jahren in Dublin ehrlich liebten. Liebling, ich bin in Wirklichkeit ein trübsinniger Mensch und oh, ich glaube, ich könnte, wenn das, woran Du zu denken scheinst, geschähe, nicht weiterleben. Nein, Liebe, ich bin zu eifersüchtig, zu stolz, zu traurig, zu einsam! Ich könnte, glaube ich, nicht mehr leben. Mein Herz ist sogar jetzt bei dem Gedanken so still und betrübt, daß ich nur die Worte anstarren kann, die ich schreibe. Wie traurig das Leben ist, von einer Enttäuschung zur anderen. JIM

24. Dezember 1909 Heiliger Abend
44 Fontenoy Street, Dublin

Nora, mein Liebling,

Ich habe Dir gerade das schöne Motiv aus dem letzten Akt der Oper *Werther*, die Du so liebst, telegraphiert: ›Nel lieto dì pensa a me‹.[1] Und da es zu spät war, Dir Geld zu telegraphieren, habe ich Rebez, meinem Partner hier, £ 1 gezahlt und ihn an Caris[2] in Triest telegraphieren lassen, sofort 24 Kronen an Signora Joyce zu zahlen. Ich hoffe, Du hast ein schönes Weihnachtsfest, Liebling.

Und jetzt, Liebste, erwarte ich, daß Stannie mir alles was er kann zum 1. telegraphiert, damit ich fahren kann.

Liebling, ich bin augenblicklich in einer ganz entsetzlich erregten Verfassung. Den ganzen Tag war ich unten beim Cinematographen im weihnachtlichen Gewühl der Menge. Ein junger Polizist hatte dort Dienst. Als es vorbei war, nahm ich ihn mit nach oben, um ihm etwas zu trinken anzubieten, und es stellte sich heraus, daß er aus Galway stammte und seine Schwestern mit Dir im Presentation Convent waren. Er war überrascht, als er hörte, was aus Nora Barnacle geworden war. Er sagte, er erinnere sich an Dich von Galway her, ein hübsches Mädchen mit Locken und einem stolzen Gang. Mein Gott, Nora, wie ich gelitten habe! Aber ich konnte nicht aufhören, mit ihm zu reden. Er scheint ein netter junger Mann mit höflichen Manieren zu sein. Ich habe mich gefragt, ob wohl mein Liebling, meine Liebe, meine Liebste, meine Königin jemals ihre jungen Augen nach ihm umgedreht haben mochte. Ich *mußte* mit ihm sprechen, weil er aus Galway kam, aber oh, wie ich gelitten habe, Liebling. Ich bin entsetzlich erregt. Ich weiß nicht, was ich schreibe. Nora, ich möchte zu Dir zurück. Vergiß alle außer mir, Liebling. Bestimmt gibt es in Galway nettere Burschen als Deinen armen Liebsten, aber oh, Liebling, *eines Tages*[3] wirst Du sehen, daß ich in meinem Lande etwas bin. Wie erregt und rastlos ich mich fühle! Ich lege die Namen seiner Schwestern bei. Ich merkte, wie er darüber staunte, was aus Dir geworden war. Aber, oh Gott, würde ich Dir nicht alle Reiche dieser Welt schenken, wenn ich es nur könnte. Oh Liebling, ich bin so eifersüchtig auf die Vergangenheit, und doch kaue ich vor Erregung meine Nägel, wann immer ich jemanden aus der fremden sterbenden Stadt im Westen sehe, in der meine Liebe, meine schöne wilde Heckenblume, ihre jungen fröhlichen Mädchenjahre verlebt hat. Nora, Liebste, warum bist Du nicht hier, um mich zu trösten? Ich muß diesen Brief beenden, ich bin so entsetzlich erregt. Du liebst mich, nicht wahr, meine liebste Braut?

Oh, wie Du mich um Dein Herz geschlungen hast! Sei glücklich, mein Lieb! Meine kleine Mutter, nimm mich in das dunkle Heiligtum Deines Schoßes. Beschirme mich, Liebe, vor Leid! Ich bin zu kindlich und impulsiv, um allein leben zu können. Hilf mir, Liebe, bete für mich! Liebe mich! Denk an mich! Ich bin so hilflos heut nacht, hilflos, hilflos! JIM

Eine Million Küsse meinem Liebling, meiner tauschweren Blume aus dem Westen, eine Million Millionen Küsse meiner lieben Nora mit den Locken JIM

Deine Mutter hat mir dieses Geschenk geschickt und ich habe ihr geschrieben und mich bedankt.

[Postkarte]
[26. Dezember 1909] St. Stephanstag
44 Fontenoy Street, Dublin

Liebste,
Ich habe heute morgen Deinen Brief (einen sehr konfusen übrigens) und die beigelegte Hochzeitsanzeige bekommen. Schick mir kein Geschenk. Spare alles, was Du kannst. Bitte Stannie, mir nächste Woche telegraphisch zu überweisen, was er kann. Hoffe, Du hast mein Geschenk und Telegramm und das £ 1, das ich Dir durch Caris geschickt habe, gut erhalten. Hoffe, heute in einer Woche fahren zu können. Dank für Deine guten Wünsche zu Weihnachten, und ich hoffe, Du hast es einigermaßen gut überstanden. Sag G. und L., daß ich bald komme, und sie sollen sich die Nasen putzen. Ich hoffe, sie hatten eine schöne Zeit. Addio, JIM

Heb ein bißchen torrone und mandorlato[1] für Eileen auf.

11. Juli 1912
4 Bowling Green, Galway

Mein Liebling Jim,
seit ich Triest verließ[1] denke ich ständig an dich wie kommst du ohne mich zurecht oder vermißt Du mich überhaupt. Ich bin furchtbar einsam nach dir ich bin Irland schon ganz leid nun ich bin am Montagabend in Dublin angekommen dein Vater charley[2] Eva Florrie[3] waren am Bahnhof alle sahen sehr gut aus wir gingen alle zu Finn's Hotel ich blieb zwei Nächte in dem Hotel aber Dublin hat mich ganz krank gemacht es ist eine grauenvolle Stadt es ist ganz richtig was du sagtest daß ich sie bald leid haben würde, jetzt bin ich in Galway allen hier geht es sehr gut meine Mutter ist sehr dick und sieht sehr gut aus auch alle meine Schwestern und Bruder ich fühle mich hier sehr fremd aber die Zeit wird rasch verfliegen bis ich zu dir wieder zurückkomme also Jim sicher würdest Du gern etwas über deinen Verleger hören also am Dienstag sind Dein Vater Charley und ich hingegangen und haben den reizenden Herrn richtig in die Enge getrieben also ich fragte ihn was er sich dabei denkt daß er Dich so behandelt aber dann fing dein Vater an zu sprechen so daß Roberts von mir keine weitere Notiz nahm sprach nur mit deinem Vater er machte einige Entschuldigungen und sagte er hätte sehr viel zu tun und wir sollten wiederkommen und so sind Charley und ich am nächsten

Tag zweimal vorbeigegangen aber ich muß leider sagen er ging uns aus dem Wege aber Charley will alles tun was er kann sagt er er will ihm jeden Tag auflauern dann wird er Dir schreiben.4 Es tut mir leid es wird eine Sache sein eine endgültige Antwort zu bekommen auf meiner Rückreise werde ich noch einmal vorbeigehen ich hoffe Charley kann etwas tun.
also Jim Lieber ich hoffe du gibst auf dich 8 und wie geht es dem armen kleinen Georgie ich hoffe es geht ihm gut achte darauf Lieber daß er nicht zu viel ißt sag ihm ich schick ihm etwas zum Geburtstag mein Onkel nachdem er seinen Urlaub genommen hatte mußte sich einen Knochen aus der Nase schneiden lassen Mutter sagt er hat einen Eimer Geld ausgegeben so daß ich fürchte Lieber es ist nicht möglich daß Du kommen kannst ich werde Dir jedenfalls schreiben wenn ich weitere Neuigkeiten habe einen Gruß an Stannie leb wohl Liebster und bleib gesund NORA
liebe Grüße an Georgie

[Postkarte]
[? 12. Juli 1912]
Via della Barriera Vecchia 32, III
Triest (Österreich)

Liebe Nora,
Fünf Tage läßt Du mich ohne eine Nachricht und dann kritzelst Du mit mehreren anderen zusammen Deine Unterschrift auf eine Postkarte. Kein Wort über die Stellen in Dublin, wo ich mich mit Dir traf und die für uns beide so voll von Erinnerungen sind! Seit Deiner

Abreise ist ein beständiger dumpfer Groll in mir. Ich halte die ganze Geschichte für falsch und ungerecht.
Ich kann weder schlafen noch denken. Ich habe immer noch die Schmerzen in der Seite. Gestern nacht hatte ich Angst, mich niederzulegen. Ich dachte, ich würde im Schlaf sterben. Ich habe Georgie dreimal aufgeweckt aus Angst vor dem Alleinsein.
Es ist ungeheuerlich, sich vorzustellen, daß Du schon nach fünf Tagen mich vergessen und die schönen Tage unserer Liebe vergessen zu haben scheinst.
Ich verlasse Triest heute abend, da ich Angst habe, hierzubleiben – Angst vor mir selbst. Ich werde am Montag in Dublin eintreffen. Solltest Du auch vergessen haben, ich habe es nicht. Ich werde *allein* gehen, um das Bild derjenigen, an die ich mich erinnere, zu treffen und mit ihm zu wandern.
Du kannst mir an die Adresse meiner Schwester in Dublin schreiben oder telegraphieren.
Was sind Dublin und Galway verglichen mit unseren Erinnerungen? Jim

[Von Nora Barnacle Joyce an Eileen Joyce]

14. August 1912
4 Bowling Green, Galway

Meine liebe Eileen
Ich habe mich sehr über deinen Brief gefreut, und ich habe mich auch sehr gefreut zu hören daß es dir so gut geht. Sicher erkenne ich dich gar nicht wenn ich Dich sehe na bist du nicht froh daß du weggefahren bist die schöne Winterluft und das gute Essen werden dir

glänzend bekommen. Es war sicher eine große Überraschung für dich als Du meine Postkarte erhieltst mit der Nachricht daß ich nach Irland fahre. Wie muß es für dich gewesen sein als Du hörtest daß Jim kommt. also was denkst du jetzt über Jim nach all unseren kleinen Zankereien konnte er nicht einen Monat ohne mich sein kannst Du dir meine Freude vorstellen als ich eine Woche später ein Telegramm aus London bekam Jim und Georgie unterwegs es scheint mir daß er Wunder tun kann. er schickte mir ein Telegramm vom Schiff und das draußen auf der tiefen See um Mitternacht. aber um es kurz zu machen er kam am Dienstag abend mit Georgie in Galway an alle Leute hier haben über ihn geredet weil er mir nachgelaufen ist. nun liebe Eileen ich berichte dir nur kurz da ich dir alles erzählen werde wenn wir uns wiedersehen jetzt möchtest du sicher gern wissen wie wir unseren Tag verbringen wir würden es mehr genießen wenn wir nicht so schlechtes Wetter hätten jeden zweiten Tag Regen wenn es nicht regnet gehen wir gewöhnlich morgens an die Küste. die Luft ist herrlich hier und das Essen Jim Georgie und ich schlafen bei meinem Onkel[1] Lucia schläft bei Mutter du wärst überrascht wie häuslich sie geworden ist jeden Abend gegen zehn wenn wir von Mutter weggehen sagen wir Lucia gute Nacht und sie geht singend nach oben ins Bett sie ist wundervoll sie ist so rosig den beiden Kindern gefällt es hier so gut sie sind den ganzen Tag draußen sie nehmen sich nicht die Zeit zu essen Jim geht es auch sehr viel besser und mir auch sie sagen zu mir O du machst richtig was her du bist so dick also ich glaube ich bin ein bißchen dicker geworden, ehrlich gesagt ich gehe nicht viel an die Luft ich bleibe fast den ganzen Tag bei Mutter nun Eileen willst Du sicher gern etwas über das liebe alte schmuddelige Dublin hören den Abend als ich am Westland Row Bahnhof ankam war die ganze Familie der Joyces da um mich abzuholen alle sahen wirklich sehr gut aus der einzige den ich nicht so gut aussehen fand ist Charley also wir sind alle zu Finns Hotel gegangen ich habe mich natürlich sehr merkwürdig gefühlt ich kannte Eva gut und ich war glücklich daß sie bei mir war dein Vater weinte jedesmal ausführlich wenn er Lucia ansah alles wegen Jim mit deinem Vater ging ich am nächsten Tag Eva Florrie pappie und Charley ich und Lucia alle gingen wir auf den Howth wir tranken Tee und aßen Sandwiches Lucia sang so kamen wir gegen sechs Uhr zurück darauf ging ich mit Eva und Florrie in ihr Zimmer sie wohnen bei einer sehr netten Frau sie scheinen ganz glücklich zu sein dann kam May[2] O ich nehme an Du möchtest wissen wie mir May gefallen hat also ehrlich gesagt ich war nicht lange mit ihr zusammen weil sie zu tun hatte und so weit ich sie kennengelernt habe gefällt sie mir sehr gut ich hoffe daß ich wenn wir zurück sind längere Zeit mit ihr zusammen bin auf alle Fälle gingen wir zu Murrays[3] Charley sang seine Stimme gefällt mir sehr gut aber ehrlich gesagt ich dachte ich würde nie wieder von den Murrays wegkommen ich mag keinen von denen jetzt denke ich hast Du wohl von allem eine Idee so sage ich Aufwiedersehn und hoffe diese Zeilen treffen Dich bei guter Gesundheit an Mutter dankt Dir für Deine freundliche Nachfrage

liebe Grüße an Eileen von Käsehäppchen NORA

Dein Brief hat allen hier Spaß gemacht schreib bald

[Von Nora Barnacle Joyce] [Telegramm]

17. August 1912
Galway

Courage Angelo Mio Nora[1]

Poststempel 19. August 1912
[Dublin]

Liebe Nora,
Ich erhielt Brief aus London. Mein übliches Glück! Bin überrascht, daß Stannie nicht wegen der Wohnung geschrieben hat. Warum hast Du mir keine Zeile geschrieben? Vielleicht kommt morgen früh etwas. Ich habe keine Ahnung wovon wir die Rückreise bezahlen sollen, da ich hier ständig Geld austeilen muß. Wie geht es Dir? Man hat mir gestern einen Artikel über *Chamber Music* im *Liverpool Courier* gezeigt, den ich noch nicht gesehen hatte. Darin heißt es, es wären »exquisite und leidenschaftliche Gedichte«. Können Dein Freund in der Sodawasser-Fabrik oder das Pfäffchen[1] meine Verse schreiben? Ich habe die ganze Nacht mit meiner Tante von Dir gesprochen. JIM

[21. August 1912]
[Dublin]

Meine liebe Nora,
Ich war heute bei Lidwell[1] und erhielt nach einer Stunde den beiliegenden Brief von ihm. Ich ging damit zu Roberts. Roberts sagte, er nütze nichts, er müsse an ihn adressiert sein. Ich bat Lidwell, den Brief an Roberts zu richten. Lidwell weigerte sich und sagte, nicht Ro-

berts sondern ich sei sein Klient. Ich ging zu Roberts und sagte ihm das. Roberts sagte, Lidwell solle ihm einen langen Brief über die ganze Sache schreiben und erklären, was ich tun könnte, da er die Firma nicht gefährden könne. Ich sagte, ich würde mich vertraglich verpflichten, ihm £ 60 (sechzig Pfund), die Druckkosten für die erste Auflage, zu zahlen, falls das Buch von der Krone beschlagnahmt würde. Er sagte, das würde nichts nützen, und fragte, ob ich zwei Sicherheiten über je £ 1000 (eintausend Pfund) – zusammen £ 2000 (zweitausend Pfund = 50 000 Francs) beibringen könne, zur Entschädigung der Firma für den Verlust, der ihr durch die Veröffentlichung meines Buches entstehe. Ich sagte, kein Mensch hätte eine so hohe Meinung von mir, daß er mir die gäbe, und sowieso könne niemals nachgewiesen werden, daß die Verluste der Firma (falls es überhaupt welche gäbe) durch mein Buch verschuldet seien. Darauf sagte er, er werde nach dem Rat seines Anwalts handeln und das Buch nicht veröffentlichen.

Ich ging dann ins Hinterzimmer des Büros und setzte mich an den Tisch, dachte an das Buch, das ich geschrieben habe, das Kind, das ich Jahre und Jahre im Schoß der Imagination[2] getragen habe, wie Du in Deinem Schoß die Kinder trugst, die Du liebst, und daran, wie ich es Tag um Tag aus meinem Hirn und meiner Erinnerung genährt hatte, und schrieb ihm den beiliegenden Brief. Er sagte, er werde ihn heute abend seinem Anwalt schicken und mir Nachricht geben.

Ich bin wie ein Mann, der im Schlafe wandelt. Ich weiß nicht, was in Triest vor sich geht. Stannie hat mir nicht geschickt, worum ich ihn bat. Eva und Florrie hätten

nichts zu essen, wenn ich nicht da wäre. Stannie hat ihnen nichts geschickt und Charlie nichts und mir nichts. Ich weiß nicht, was aus meinem Schreibtisch und Tisch und meinen Mss. und Büchern werden wird. Du bist fort in Galway. Ich weiß weder, wie wir nach Triest zurückkommen sollen, noch, was uns dort erwartet. Ich weiß nicht, was ich wegen meines Diploms und meines Buches tun soll. Mein Vater sagt, Roberts werde auch nach meinem Brief weitere Einwände haben. Die Stadt füllt sich allmählich, und ich würde gern alles vergessen und hier mit Dir zusammensein und Dich während der Horse Show umherführen. Pover'a me![3] [sic]
Das sind nun meine Ferien.
Grüße Mr. Healy von mir. Sag ihm, ich hätte keinen Augenblick Zeit zu schreiben. Gib Giorgio und Lucia einen Kuß.
Ich hoffe, daß Dir die Verse gefallen haben. Ich habe heute mit meiner Tante von Dir gesprochen und ihr von Dir erzählt – wie Du in der Oper mit dem grauen Band im Haar dasitzt, der Musik lauschst und von Männern angeschaut wirst[4] – und von vielen anderen Dingen (selbst sehr intimen Dingen) zwischen Dir und mir.
Ich habe Dir von meinem Kummer bei den Galway Races erzählt. Er bedrückt mich auch jetzt. Ich hoffe, der Tag wird kommen, an dem Du, wenn ich in mein Königreich Einzug gehalten habe, den Ruhm an meiner Seite teilen kannst.
Sei glücklich, Liebe, und iß und schlaf. Du kannst jetzt schlafen. Dein Peiniger ist in der Ferne. JIM

Anlage zum obigen Brief

[Poststempel 22. August 1912]
[Dublin]

Meine liebe ferne Nora,
Ich war heute bei Roberts, und wir sprachen über den Einband etc. meines Buches, ein Hoffnungsstrahl also, der durch die Wolken bricht. Er hat mich für morgen um 12 wiederbestellt.
Ich habe in Richmond Place 21 an der North Circular Road ein Doppelzimmer genommen und bin töricht genug zu hoffen, daß Du und ich nach diesem ganzen Ärger vielleicht doch noch ein paar glückliche Tage miteinander verbringen können. Wie gerne würde ich hier mit Dir während der Horse-Show-Woche spazierengehen und Geld haben, um Dich da- und dorthin auszuführen. Für die Theater kann ich Freikarten bekommen. Bring ja hübsche Unterröcke und Strümpfe mit. Dein Haar kannst Du hier frisieren lassen. Hast Du das graue Band mit, das ich so gern habe? Würdest Du morgen herkommen? Ich habe etwas Angst zu fragen, weil Stannie mir nicht geschrieben hat und mein Geld fast weg ist. Vielleicht schreibt er morgen. Ich habe eine entsetzlich aufregende Woche wegen meines Buches hinter mir. Roberts sprach heute mit mir über meinen Roman und bat mich, ihn zu Ende zu schreiben. Würdest Du gern mit mir ins Theater gehen und hinterher essen? Ich hoffe, Du bist noch so mollig, wie Du es warst? Ist Deine enge freche lila Bluse sauber? Ich hoffe, Du putzt Dir die Zähne. Wenn Du nicht gut aussiehst, schick ich Dich nach Galway zurück. Paß auf, daß Du Deine Hüte nicht verbeulst, besonders den hohen. Ich habe ein hübsches Zimmer nach vorn hinaus mit zwei Betten. Wenn alles gut geht, könnten wir nicht

ein paar Tage miteinander verbringen? Ich würde Dir gern viele Stellen in Dublin zeigen, die in meinem Buch erwähnt werden. Ich wünschte, Du wärst hier. Du bist ein Teil von mir geworden – *ein* Fleisch. Wirst Du, wenn wir nach Triest zurückkommen, lesen, wenn ich Dir Bücher gebe? Dann könnten wir miteinander sprechen. Niemand liebt Dich so wie ich, und ich würde so gern als Dein Führer mit Dir die verschiedenen Lyriker und Dramatiker und Romanciers lesen. Ich werde Dir nur das Schönste und Beste in der Literatur geben. Armer Jim! Immer und immer macht er Pläne!

Ich hoffe, ich habe morgen gute Nachricht. Wenn nur mein Buch veröffentlicht wäre, dann würde ich mich in meinen Roman stürzen und ihn beenden.

Das *Abbey Theatre* wird spielen und Stücke von Yeats und Synge geben. Du hast ein Recht, dabeizusein, weil Du meine Braut bist: und ich bin einer der Schriftsteller dieser Generation, die vielleicht endlich in der Seele dieses elenden Volkes ein Gewissen erschaffen.[1] Addio!

JIM

(Schreib wie gewöhnlich an Todd Burns,[2] nicht an meine Adresse)

[Poststempel 23. August 1912]
21 Richmond Place, N. C. R.,[1]
Dublin

Meine Liebste,

Ich bin heute morgen verabredungsgemäß zu Roberts gegangen. Er war nicht da, hatte aber den beiliegenden

Brief für mich hinterlassen. Ich las ihn und ging die Straße hinunter in dem Gefühl, daß mein ganzes zukünftiges Leben meinen Händen entglitt. Ich saß eine Stunde lang auf einem Sofa im Büro meines Vaters. Die ganze letzte Nacht über war ich das gesamte Buch im Geiste durchgegangen, stellte mir vor, daß ich es vor mir sähe, daß die, die ich kenne, es läsen, stellte mir die Besprechungen vor, die freundlichen und die unfreundlichen. Heute morgen schien alles zusammenzubrechen.

Mir scheint, daß ich am besten nichts weiter hierzu sage. Lange Zeit habe ich mir heute überlegt, ob ich mir für mein letztes Geld nicht einen Revolver kaufen und damit auf die Schurken losgehen sollte, die mich so viele Jahre mit falschen Hoffnungen gepeinigt haben. Ich werde nichts mehr sagen. Wenn Du mich liebst, wirst Du mit Dir [sic] fühlen. Ich bin überzeugt, Liebe, daß Du das tust – und o, wie sehr läge mir an Deinem Mitgefühl und Worten der Ermutigung, um alles zu vergessen und, geborgen in Deiner Liebe, in Deinen Armen einzuschlafen.

Ich weiß nicht, was ich tun werde oder tun kann. Ich muß nachdenken. Ich werde bis zum letzten kämpfen. Stannie hat mir weder eine Zeile geschrieben noch Geld geschickt. Morgen muß ich meine Uhr und meine Kette verpfänden, damit ich mich etwas länger am Leben erhalte. Alles scheint vor mir dahingeschmolzen zu sein, Geld, Hoffnung und Jugend.

Du, wenigstens, wirst bleiben. Sorge Dich nicht um mich. Iß und schlaf und sei fröhlich. Wenn wir uns wiedersehen (und ich hoffe, daß das sehr bald ist), hoffe ich in Dir zu finden, was ich anderswo verloren habe, und Dich jung und glücklich und lächelnd und mit dem Gang einer Königin zu sehen. JIM

PS. Ich war überrascht und enttäuscht, daß ich von Dir heute keinen Brief bekam. Schreib sofort und *schick mir umgehend Roberts' Brief zurück*. Denk an mich – aber reg Dich nicht auf. JIM

1. August 1917
Pension Daheim, Locarno[1]

Lieber Jim,
Dank für Deine sehr liebevolle Postkarte uns geht es sehr gut nur daß wir seit Sonntag fortwährend Gewitter gehabt haben und furchtbar viel Regen. Heute morgen ist es etwas schöner gewesen und wir gingen hinauf zu einem Kloster auf dem Berg das Madona del Sasso heißt. Die Kinder verbringen die Zeit sehr gut sie spielen Gramaphon und andere Spiele bis das Wetter wieder schön wird. da ich eine Karte an Mrs. Sykes[2] schreiben möchte könntest Du einige Zeilen schreiben und sie mir schicken auch an die Wirtin[3] ich hoffe es geht Dir gut es tut mir leid daß Du keine endgültige Nachricht hast ich nehme an jetzt wo Du allein bist solltest Du schreiben können da ich nicht bei Dir bin und Dich immer belästige ich will versuchen mich zu erholen obwohl ich fürchte das Klima ist mehr oder weniger wie in Zürich aber vielleicht wenn sich das Wetter bessert werde ich mich wohler fühlen die Leute sind alle sehr nett sie sind alle aus Zürich ich habe noch nicht viel von der Gegend sehen können aber wenn Du

irgendwelche Neuigkeiten hast schreib mir hoffe diese Zeilen treffen Dich bei bester Gesundheit an

NORA

liebe Grüße von den Kindern

[etwa 4. August 1917]
Pension Daheim, Locarno

Lieber Jim,
Dank für das Geld auch für Deinen Brief heute morgen mit Beilage für die ich Dir umgehend zurückschicke ich freue mich daß Du das Geld[1] bekommen hast so daß Du Dir über nichts Sorgen zu machen brauchst ich hoffe Du verbringst Deine Zeit so angenehm wie möglich. wir sind wohlauf wie ich Dir schon erzählt habe das Essen könnte nicht besser sein und mehr als wir essen können und das Schlafzimmer ist angenehm es hat einen Balkon jetzt wo das Wetter viel besser ist können wir hübsche Spaziergänge machen gestern war Markttag und es war lustig wie die Männer die Preise ausgerufen haben und so viel Krach gemacht wie sie nur konnten genau wie in Triest sie sind genau wie die Italiener lustig und schmutzig und unordentlich es ist ganz anders als in Zürich. Ich möchte dich bitten mir die Bluse zu schicken die bei der Reinigung ist ich glaube ich habe nichts weiter zu berichten und hoffe bald wieder von Dir zu hören hoffentlich geht es Dir gut alles liebe von den Kindern NORA

[etwa 10. August 1917]
Pension Daheim, Locarno

Lieber Jim,
vielen Dank für das Geld und den Brief die gut angekommen sind. Also ich bin heute ganz zerschlagen. Du weißt nicht was ein Gewitter ist aber wenn Du hier eins erleben tätest wär nicht mehr viel von Dir übrig es war ganz furchtbar es fing gestern abend etwa um halb zehn an wir waren im Eßzimmer mit ein paar Leuten und da es den ganzen Tag geregnet hatte waren die Leute nicht darauf gefaßt und ganz plötzlich hat es angefangen Blitz und Donnerschläge ich hab gedacht es wär unser letzter Tag ich war fast erstarrt vor Angst ungefähr zwanzig Minuten lang dann goß es und wir gingen etwa um halb elf zu Bett aber ich konnte nicht schlafen dann begann ein Hurrikan und Blitzen was bis halb sechs heute morgen gedauert hat es hat eine ganz furchtbare Wirkung weil es das elektrische Licht abstellt so daß ich die ganze Nacht im dunklen Zimmer herumtappen mußte so kannst Du Dir vorstellen wie ich mich heute fühle. ich hatte gerade sehr gut ausgesehen aber ich werde versuchen mich wieder zu erholen. die Leute sagen sie hätten ein solches Gewitter noch nie erlebt.[1] du brauchst nie angst vor den Gewittern in Zürich zu haben sie sind nichts heute ist es sehr schön aber ich fürchte daß ich hier jetzt zu nervös sein werde. den Kindern geht es gut und wir essen viel ich habe eine Karte an Mrs. Sykes geschickt und die anderen Leute die Du erwähnt hast ich hoffe Dir geht es gut und Du kannst etwas schreiben tu alles was Du kannst solange wir nicht bei Dir sind, ich hoffe ich kann Dir noch einen Brief schreiben wenn ich mich besser fühle leb wohl

also für jetzt mit lieben Grüßen von den Kindern

NORA

PS vielen Dank für das Geld
Freitag morgen

[etwa 12. August 1917]
Pension Daheim, Locarno

Lieber Jim,
vielen Dank für Dein Brieftelegramm und die Postkarte alles da. Du brauchst nicht um uns zu jammern uns geht es gut. mit meinen Nerven steht es offensichtlich viel besser das Gewitter hat mich bis zum nächsten Tag aufgeregt aber jetzt fühle ich mich wieder wohl ich tue mein bestes mich zu erholen obwohl es heute wieder wolkig ist macht mir das nichts aus ein solches Gewitter werden wir wohl einige Zeit nicht wiederbekommen. Wenn Du mich morgen montag anrufen möchtest da casa Danzi das Haus neben uns ist und ich kenne das Mädchen das dort wohnt sie ißt hier in der Pension jetzt weiß ich die Telefonnummer ist 33 Zeit zum telefonieren ist von 8 bis 12 wenn Du mich morgen telefonieren möchtest ich werde um Elf am Telefon warten wenn Du telefonierst gut und schön wenn nicht macht nichts. Ich freue mich daß Dein Buch[1] sich verkauft ich hoffe Du schreibst an Ulisses bleib nachts nicht zu lange auf ich glaube Du hast Dir kein Anziehzeug für Dich gekauft tu das doch bitte die Leute hier sind alle sehr angenehm so daß mir die Zeit nicht zu lang wird doch sehne ich mich danach Dich wiederzusehen hoffe diese Zeilen treffen Dich bei guter Gesundheit an

NORA

15. [August] 1917
Pension Daheim, Locarno

Lieber Jim,
Dank für Deinen Brief und die Postkarte. Es tut mir leid daß Du so viel Ärger mit dem Telefon gehabt hast, telefoniere nicht mehr es ist nicht das Geld wert oder den Ärger ich fühle mich besser. Ich bin immer draußen an der Luft hier ist ein Mädchen mit dem ich mich großartig verstehe wir waren heute morgen drei Stunden im Boot draußen sie ist gerudert jetzt wegen der Rückreise wie ich Dir schon gesagt habe macht es mir nichts aus hierzubleiben aber ich glaube die Kinder wollen nicht länger als Samstag bleiben so daß ich nicht weiß was ich tun soll und dann ist es natürlich sehr teuer. Du hast es sicher sehr leid auf das Geld von Quinn[1] zu warten wenn es gekommen wäre wüßte ich besser was zu tun wäre, auf alle Fälle schickst Du mir besser einhundertdreißig 130 Kronen und damit wäre unsere Fahrt und die Pension bezahlt, mein Haar ist ein bißchen besser die Leute sagen es ist am besten zum Arzt zu gehen daß es wahrscheinlich vom vielen denken kommt aber seit ich hier bin denke ich nicht mehr so viel so daß es mir vielleicht nach und nach besser gehen wird jedenfalls werde ich mir keine Sorgen mehr machen, ich hoffe es geht Dir gut und Du schreibst etwas ich lese jeden Tag ein wenig. wir hatten heute nach dem Lunch einen kleinen Tanz ich habe auch getanzt es ist nicht so sehr lebendig wie Du denkst aber mir macht es nichts weil es für meine Nerven besser ist aber im ganzen fühle ich mich viel wohler hoffe diese Zeilen treffen Dich bei guter Gesundheit an mit lieben Grüßen von den Kindern

Nora

[April 1922] 8.30 vorm. Donnerstag[1]
[Paris]

Mein Liebling, meine Liebste, meine Königin,
Ich springe aus dem Bett, um Dir dies zu senden. Dein Telegramm ist 18 Stunden später als Dein Brief abgestempelt, den ich eben erhalten habe. Einen Scheck für Deinen Pelz schicke ich Dir in ein paar Stunden, und auch Geld für Dich. Wenn Du dort bleiben möchtest (da Du mich bittest, Dir wöchentlich zwei Pfund zu schicken), werde ich Dir diesen Betrag (£ 8 und £ 4 Miete) am Ersten jeden Monats schicken. Aber Du fragst mich jedenfalls, ob ich mit Dir nach London gehen würde. Ich würde überall in der Welt hingehen, wenn ich sicher sein könnte, daß ich dort mit Dir, Liebste, allein wäre, ohne Familie und ohne Freunde. Entweder dies geschieht oder wir müssen uns für immer trennen, wenn es mir auch das Herz bricht. Offenbar ist es unmöglich, Dir die Verzweiflung zu beschreiben, in der ich mich befinde, seit Du fort bist. Gestern hatte ich im Laden von Miss Beach[2] einen Ohnmachtsanfall, und sie mußte mir rasch eine Arznei holen. Ich trage Dein Bild immer in meinem Herzen. Wie freut es mich, zu hören, daß Du jünger aussiehst! O meine Liebste, wenn Du Dich doch nur jetzt zu mir kehren und das schreckliche Buch lesen wolltest, das mir das Herz in der Brust jetzt gebrochen hat, und mich zu Dir nähmest, allein, um mit mir zu machen, was Du willst![3] Ich habe nur 10 Minuten Zeit für diese Zeilen, verzeih mir also. Werde vor Mittag noch einmal schreiben und auch telegraphieren. Im Augenblick nur diese wenigen Worte und meine unvergängliche, unglückliche Liebe

JIM

[5. Januar 1924][1]
[Paris]

Liebe Nora,
Die Ausgabe, die Du hast, ist voll von Druckfehlern.[2] Bitte lies es in dieser. Ich habe die Seiten aufgeschnitten. Am Schluß ist eine Liste der Druckfehler. Jim

Abb. 1

Abb. 2

Abb. 3

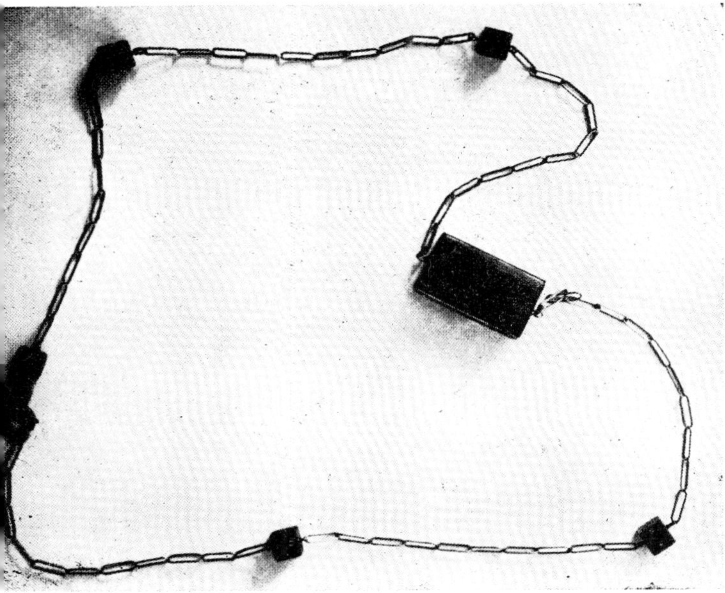

Abb. 4

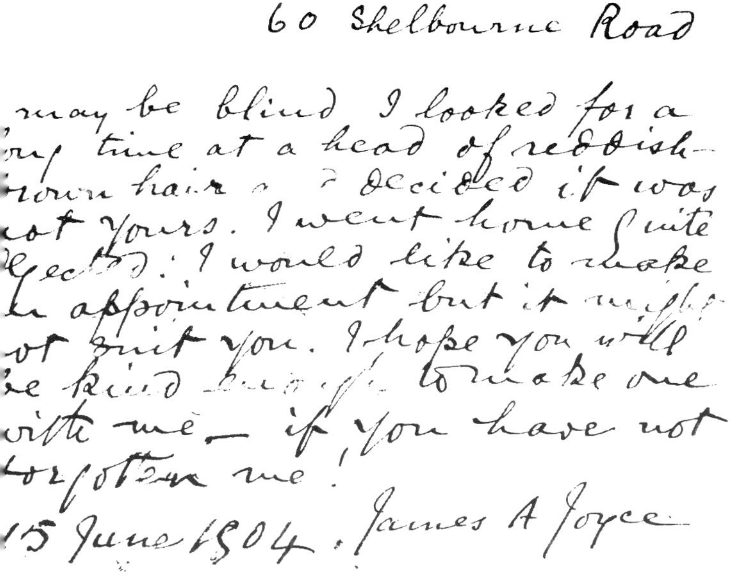

60 Shelbourne Road

may be blind I looked for a
ng time at a head of reddish-
rown hair and decided it was
ot yours. I went home quite
jected. I would like to make
n appointment but it might
ot suit you. I hope you will
e kind enough to make one
ith me — if you have not
orgotten me!
15 June 1904. James A Joyce

Abb. 5

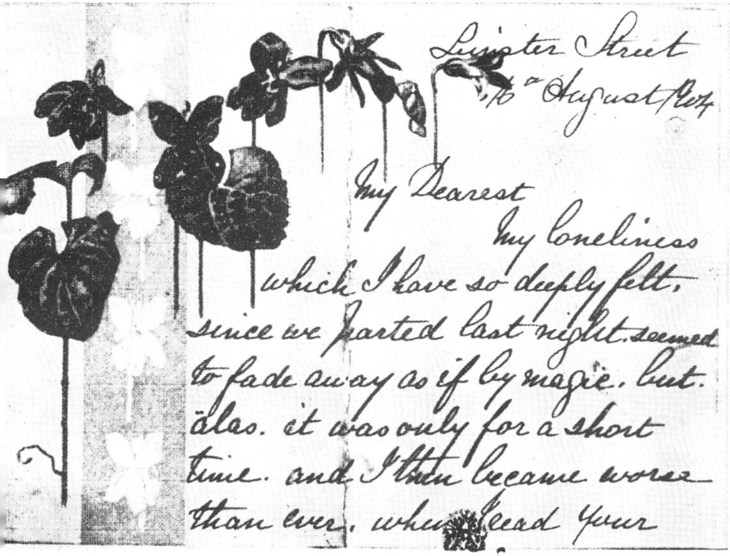
Leinster Street
16th August 1904

My Dearest
My loneliness which I have so deeply felt, since we parted last night. seemed to fade away as if by magic. but. alas. it was only for a short time. and I then became worse than ever. when I read your

Abb. 6

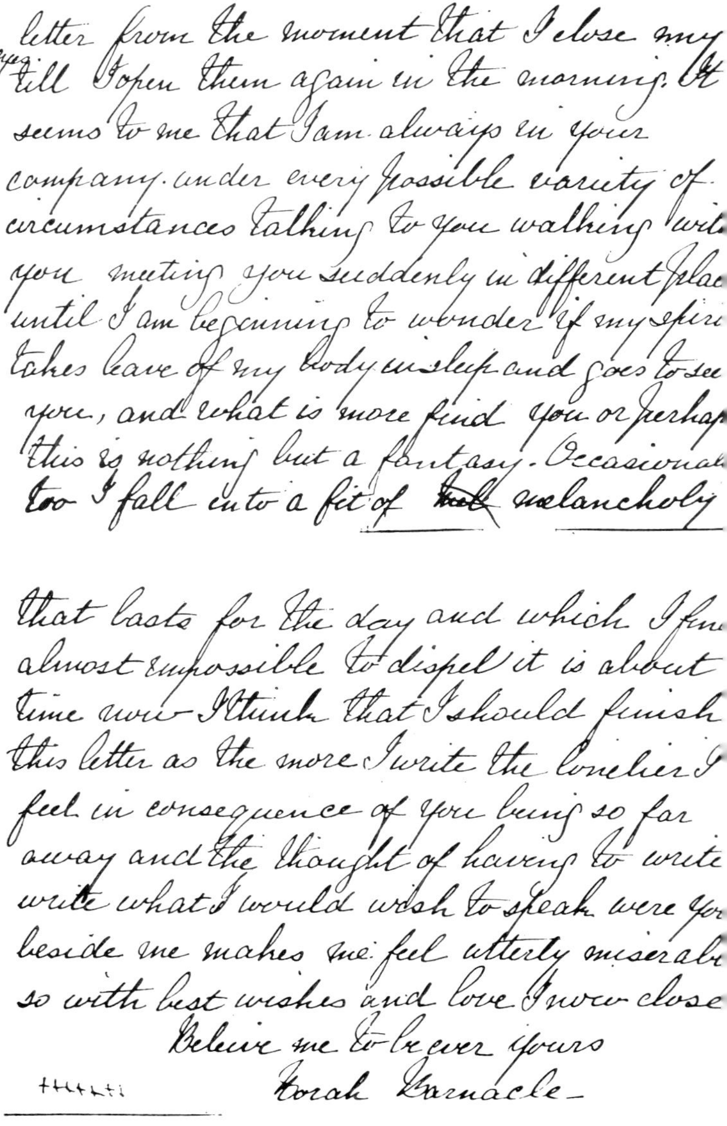

letter from the moment that I close my
eyes till I open them again in the morning. It
seems to me that I am always in your
company under every possible variety of
circumstances talking to you walking with
you meeting you suddenly in different places
until I am beginning to wonder if my spirit
takes leave of my body in sleep and goes to see
you, and what is more find you or perhaps
this is nothing but a fantasy. Occasionally
too I fall into a fit of ~~mel~~ melancholy

that lasts for the day and which I find
almost impossible to dispel it is about
time now I think that I should finish
this letter as the more I write the lonelier I
feel in consequence of you being so far
away and the thought of having to write
write what I would wish to speak were you
beside me makes me feel utterly miserable
so with best wishes and love I now close

Believe me to be ever yours

Norah Barnacle

+++++++

Abb. 7

Anmerkungen

15. Juni 1904

1 Nora Barnacle war ein paar Monate vorher von Galway nach Dublin gekommen und war in Finn's Hotel, 1 und 2 Leinster Street, als Stubenmädchen angestellt. Joyce hatte sie kurz vor diesem Brief kennengelernt und sich mit ihr für den 15. Juni verabredet. Sie kam nicht zur vereinbarten Zeit, und ihr erster gemeinsamer Spaziergang fand am folgenden Abend statt, dem 16. Juni.

2 Joyce hatte von Ende März bis Ende August unter dieser Adresse ein möbliertes Zimmer; er wohnte um diese Zeit also noch nicht, wie Stephen Dedalus im *Ulysses*, im Martello-Turm von Sandycove (s. Briefe vom 10. und 12. September 1904).

23. Juni 1904

1 In Finn's Hotel.

8. Juli 1904

1 Offensichtlich Michele Esposito (1855-1929), Pianist, Komponist und Musiklehrer. Er war 1882 von Italien fortgegangen und hatte sich in Dublin niedergelassen.

[?12. Juli] 1904

1 Das Datum ist konjiziert. Dienstage fielen 1904 auf den 5., 12., 19. und 26. Juli.

2 Anspielung auf die Heldin eines Kinderbuchs aus dem 18. Jahrhundert, *Goody Two Shoes*. Auch in *Finnegans Wake* wird darauf hingewiesen: »And the two goodiest shoeshoes« (S. 622).

3 Ein Handschuh spielt in der erotischen Begegnung von Leopold Bloom und Molly eine Rolle: »... er küßte mich in die Öffnung des Handschuhs und ich mußte ihn ausziehen und fragte mich dann allerhand ist es gestattet sich nach der Form meines Schlafzimmers zu erkundigen so ließ ich ihn ihn mitnehmen als wenn ich ihn vergaß damit er an mich dächte und ich sah wie er ihn in die Tasche steckte natürlich ist er ganz verrückt auf Hosen ... dann quälte er mich bis ich ja sagte und den Handschuh langsam auszog und beobachtete ihn ...« (*Ulysses* S. 766-7)

4 Diese Unterschrift ist fast unleserlich (s. auch den nächsten Brief). Es könnte sich um ein Anagramm in Küchenlatein des Namens James Augustine handeln.
Unten auf dem Brief steht quer über die Seite »Zahnschmerzen« in Joyces Handschrift.

21. Juli 1904

1 Das Briefpapier trägt den Aufdruck »The Ship Hotel, 5 Lower Abbey Street«. Im *Ulysses* will sich Stephen Dedalus mit Buck Mulligan im gleichen Ship Hotel treffen.

2 Offenbar Handschuhe, da Joyce einen entwendet hatte. Vgl. Leopold Bloom, der Molly drei Paar schenkte: »... und er schenkte mir Byrons Gedichte und die drei Paar Handschuhe und damit war das zu Ende ...« (*Ulysses* S. 763).

8. Juli 1904

1 Das Schmollen (vgl. auch S. 37), im Original »pouting«, wird auch Molly Bloom zugeschrieben, wenn sich Bloom an die Verführungsszene auf dem Hügel von Howth er-

innert: »Junges Leben, das gaben mir ihre vorgestreckten [= »pouting«] Lippen« (*Ulysses* S. 200).

2 »Thy Christian Brother-in-Luxuriousness«, ein Wortspiel, zu dessen Bestandteilen gehören: »Christian brothers« (Brüder der christlichen Schulen, ein Laienorden, der der Armenerziehung dient; Joyce hatte selbst einige Zeit in dieser Schule verbracht), »brother-in-law« (Schwager), und, im Gegensatz zu »christlich«, *luxuria:* die (Todsünde der) Wollust, wie auch Luxus.

[? Ende Juli 1904]

1 Ah, die Seufzer, die aus meinem Herzen kommen, / Sie schmerzen mich, wie sie sich mir entringen, sehr! / Da ich mich von meiner Liebsten trennen muß / Lebwohl, meine Freude, für immer.
Ich war gewohnt sie zu betrachten / Und mit beiden Armen zu umfangen. / Und jetzt mit mannigfachen Seufzern / Lebwohl meine Freude, und willkommen, Schmerz!
Ah, mir deucht, daß, könnte ich's noch immer / (Wie es Gott wahrlich gefallen möge!) / Dann gäb es keine Freude für mein Herz, / Es leicht zu stimmen, dieser vergleichbar.

2. August 1904

1 Eines der bekanntesten frühen Gedichte von William Butler Yeats (1865-1939), »Down by the Salley Gardens«, aus *Crossways* 1889. Es wurde auch früh vertont.
Drunten bei den Weidengärten traf ich mich mit meiner Liebsten. / Sie schritt durch die Weidengärten mit kleinem, schneeweißem Fuß; / Sie bat mich, nimm die Liebe leicht wie die Blätter am Baum wachsen, / Aber ich, der ich jung und töricht war, dachte anders als sie.

In einem Feld am Fluß standen meine Liebste und ich, / Und auf meine sich neigende Schulter legte sie ihre schneeweiße Hand. / Sie bat mich, nimm die Liebe leicht wie das Gras am Wehr wächst, / Doch ich war jung und töricht und bin jetzt in Tränen.

3. August 1904

1 Vincenzo Vannutelli (1836-1930), bekannter Kardinal der katholischen Kirche. Er wäre 1903 beinah zum Papst gewählt worden.

[etwa 13. August 1904]

1 Am 13. August 1904 erschien im *Irish Homestead* (Dublin), X, 33, die erste Erzählung von Joyce, »The Sisters«. Sie wurde später, bedeutend überarbeitet, zur Titelgeschichte von *Dubliner*. Die Erstfassung aus dem *Irish Homestead*, »Die Schwestern«, findet sich in *Materialien zu James Joyces ›Dubliner‹*, S. 9-14. Für die ersten Erzählungen benutzte Joyce das Pseudonym Stephen Daedalus. Diesen Namen gibt er dann der Hauptgestalt von *Stephen der Held* und, in leicht abgeänderter Form (»Dedalus«), auch von *Ein Porträt des Künstlers als junger Mann* und von *Ulysses*.

15. August 1904

1 Anklang an eine Zeile aus dem Gedicht XVII von *Chamber Music:*

Because your voice was at my side
I gave him pain . . .

(Weil deine Stimme mir zur Seite war, / fügte ich ihm Schmerz zu . . .)

16. August 1904

1 Dieser blumige und auf blumenverziertem Papier verfaßte Brief (s. Abb. 6) scheint einem Briefsteller entnommen. »Joyce, der ebensosehr Aufsatzlehrer wie Liebhaber war, zwang Nora zum Geständnis, diese Worte seien nicht ihre eigenen, und sie erklärte sich einverstanden, zu einem schlichteren Vokabular und zu einer natürlicheren Syntax zurückzukehren« (Richard Ellmann, *James Joyce*, S. 177). Noras Sprache wird von da an jedenfalls schlichter. Im *Ulysses* macht sich Molly Bloom über einen Briefsteller lustig, der von einer Bekannten benutzt wird: » ... ich könnte ihm die Antwort im Bett schreiben und er könnte dann glauben ich hätts eilig nur ein paar Worte nicht so langes Zeug wie Atty Dillon an den Kerl schrieb der irgendeine Stellung beim Gericht hatte der sie dann laufen ließ war aus dem Briefsteller für Damen ich sagte ihr doch immer einfach nur ein paar Worte zu schreiben und die könnte er dann drehen wie er wollte ...« (S. 782). Das Original, »those long crossed letters« (»so langes Zeug«), enthält sogar noch einen Hinweis auf die vielen Kreuze (xxxxxxx).

26. August 1904

1 Karten für ein Konzert am 27. August in den Antient Concert Rooms, bei dem Joyce, John McCormack und andere sangen. Ein Bericht über das Konzert führt aus: »Mr. Joyce besitzt eine helle Tenorstimme, die er bei den hohen Tönen etwas zu forcieren neigt, aber er singt mit viel künstlerischem Einfühlungsvermögen. Ein Stück seiner Wahl, ›Down by the Salley Gardens‹, eignete sich für seine Technik am besten, und als Zugabe sang er zart ›My Love Was Born in the North Countree‹, ein kurzes und entzückendes Lied.« (*Materialien zu James Joyces ›Dubliner‹*, S. 195).

2 Vincent Cosgrave (geb. 1878?, starb wahrscheinlich Ende der zwanziger Jahre) diente als Modell für Lynch im *Portrait* und im *Ulysses*, wie auch für Robert Hand in *Verbannte*. Sein Verhältnis zu Nora umschreibt Richard Ellmann: »... Er tat sein möglichstes, um Joyce Nora auszuspannen, sagte ihr, Joyces Liebe werde nicht von Dauer sein, und der Mann sei ohnehin verrückt ... Doch Nora schenkte dem kaum Aufmerksamkeit, und Cosgrave fühlte sich in seiner Rolle des erfolglosen Rivalen gedemütigt. ›Armer Cosgrave‹, sagte Nora zu James, war aber doch von dieser zweiten Eroberung nicht ganz unbefriedigt.« (*James Joyce*, S. 171)

29. August 1904

1 Mary Jane Joyce, geb. Murray, starb am 13. August 1903 an Krebs. Im *Ulysses* fühlt sich Stephen Dedalus am Tod seiner Mutter mitschuldig.

2 Dieser Satz entspricht einer Epiphanie über die Pariser *poules*, deren letzter Satz fortgelassen ist (*The Workshop of Daedalus*, hrg. Robert Scholes und Richard M. Kain, Evanston, 1965; »The Epiphanies« Nr. 33, S. 43). Die Joyces frühester Ästhetik zugrundeliegenden »Epiphanien« sind Aufzeichnungen alltäglicher Begebenheiten, die plötzlicher geistiger Offenbarungen fähig sein sollen. Die gleiche Stelle ist auch im *Ulysses* (S. 51) verwendet worden.

3 Am 16. Juni.

4 John Francis Byrne (1879–1960), später Journalist in den Vereinigten Staaten, war Joyces bester Freund am University College in Dublin. Wie Stanislaus Joyce in *Meines Bruders Hüter* (S. 278–79) erklärt, war Byrne

durch eine von Joyce an Cosgrave gerichtete obszöne Postkarte verstimmt und brach die Beziehungen ab. Joyce versuchte sich nach seiner Rückkehr aus Paris mit ihm auszusöhnen. Die Freundschaft wurde erneuert, wie Byrne selbst in seiner Autobiographie *Silent Years* (New York, 1953) in einer mysteriösen Schilderung des Vorfalls bestätigt.

1. September 1904

1 Seit Dezember 1902 Wohnort von Joyces Vater und seinen Schwestern.

2 Benedetto Palmieri (1863–1918?) war der beste Gesangslehrer in Dublin. Gebürtiger Neapolitaner, lehrte er an der Dubliner Musikakademie von 1900 bis 1914. Er erbot sich, Joyce drei Jahre lang kostenlos zu unterrichten, wenn er ihn dafür auf zehn Jahre am Verdienst aus seinen Konzerten beteiligte. Joyce lehnte ab.

3 Vermutlich Dr. George Sigerson (1838–1925), 6 Stephen's Green, Arzt, Lyriker, Übersetzer, der auch in *Ulysses*, S. 219, erwähnt wird.

4 Wahrscheinlich Mrs. Callanan, wohnhaft 15 Usher's Island, eine Tante von Joyces Mutter, Modell für Miss Morkan in den ›Toten‹ in *Dubliner*.

5 Im Circe-Kapitel trägt ebenfalls eine Frau, Blooms ehemalige Flamme Mrs. Breen, einen »Fries-Herrenmantel« (*Ulysses* S. 494).

6 Stanislaus Joyce (1884–1955), schrieb *Meines Bruders Hüter* (hrg. Richard Ellmann, Frankfurt 1960). Sein *Dubliner Tagebuch*, herausgegeben von George Harris Hea-

ley (Frankfurt, 1964), gibt wichtige Aufschlüsse über die Zeit von 1903 und 1904.

10. September 1904

1 Aus dem Hause 60 Shelbourne Road zog Joyce etwa am 1. September aus; er wohnte einige Tage bei Freunden und Verwandten, und am 9. September nahm Oliver St. John Gogarty ihn im Martello-Turm auf, den dieser am 17. August 1904 gemietet hatte. (Vgl. auch Oliver Gogarty ›The Tower: Fact and Fiction‹, *Irish Times*, 16. Juni 1962, S. 11). Es war, wie zwei Briefe von Gogarty an G. N. A. Bell vom Juli 1904 deutlich machen, vereinbart, daß Joyce als Entgelt für Unterkunft und (vermutlich) Kost die Hausarbeit im Turm machen sollte; es würde ihm dadurch möglich sein, seinen Roman in etwa einem Jahr zu beenden (Ulick O'Connor, *The Times I've Seen: Oliver St. John Gogarty*, New York 1964, S. 82). Gogarty hatte außerdem Samuel Chenevix Trench als Gast im Turm, der sich Diarmuid Trench nannte. Joyce benutzte den Turm als Schauplatz für die erste Episode des *Ulysses* und nahm Gogarty zum Hauptmodell für Mulligan und Trench zum Hauptmodell für Haines.

16. September 1904

1 Nachdem Joyce den Martello-Turm verlassen hatte, wohnte er, bevor er in sein Elternhaus zurückkehrte, einige Tage bei seinem Onkel William Murray (1858-1912) und seiner Tante Josephine Murray (1862–1924). Es war dies die Adresse der Murrays in Fairview, einem Stadtteil im Nordosten von Dublin.

? 18. September 1904

1 Wahrscheinlich ein Brief von einer Stellenvermittlungsagentur, worin Joyce ein Posten als Englischlehrer an einer Berlitz School auf dem Festland in Aussicht gestellt wurde.

26. September 1904

1 Die Erwähnung von Joyces Erkältung in diesem Brief und im folgenden von Nora Barnacle läßt dieses Datum als ziemlich gesichert erscheinen.

2 In Joyces Erzählung ›Die Toten‹ erinnert sich Gabriel Conroy, an Gretta vor ihrer Heirat geschrieben zu haben: ›Wie kommt es, daß Worte wie diese mir so stumpf und kalt erscheinen? Liegt es daran, daß es kein Wort gibt, welches zärtlich genug wäre, Dein Name zu sein?‹ (*Dubliner*, S. 219).

29. September 1904

1 Offenbar ein Stellenangebot, vielleicht von der Berlitz School in London.

? Dezember 1904

1 Joyce hat diese Zeilen vermutlich seiner Frau im Café unterm Tisch zugesteckt.

2 Am 8. Oktober reiste Joyce mit Nora Barnacle von Dublin ab, zunächst nach Zürich, dann weiter nach Triest, von dort nach Pola, dem österreichischen Kriegshafen. Joyce unterrichtete dort von Ende Oktober bis März 1905 an der Berlitz School.

3 Wahrscheinlich Eyers, der andere Englischlehrer an der Berlitz School.

29. Juli 1909

1 Ende Juli war Joyce mit seinem Sohn Giorgio (geb. am 27. Juli 1905) nach Dublin gereist, vor allem um beim Verlag Maunsel und Co. vorzusprechen und dort den Erzählband *Dubliner* herauszubringen. Nora blieb mit Lucia (geb. 26. Juli 1907) in Triest.

2 Oliver St. John Gogarty (1878-1957), Arzt, Schriftsteller, später Senator im Freistaat Irland, lernte Joyce im Winter 1902–3 kennen, von 1904 an blieb ihr Verhältnis gespannt. Die Figur von Buck Mulligan im *Ulysses* beruht auf Gogarty.

3 Joyces Vater John Stanislaus (1849–1931).

6. August 1909

1 Vincent Cosgrave. Die Behauptung stellte sich bald als falsch heraus.

7. August 1909

1 Joyce und Nora waren am 11. Oktober 1904 nach Zürich gekommen und übernachteten im Gasthaus Hoffnung. Am selben Tag schrieb Joyce an Stanislaus und schloß den Brief mit einem Zusatz auf französisch (mit eigenartiger Zeitbestimmung): »Finalement elle n'est pas encore vierge; elle est *touchée.*«

2 Vier Sätze sind ausgelassen.

3 Ein Flüßchen im Süden von Dublin. In der Erzählung

»Eine Begegnung« brechen zwei Knaben ihren Ausflug am Ufer der Dodder ab und begegnen auf einem Feld dahinter einem älteren perversen Mann.

4 Im Schauspiel *Verbannte* sagt Bertha: »Ich habe einen Mann aus ihm gemacht« (S. 103).

19. August 1909

1 Byrne schildert diese Begegnung in seinen Erinnerungen *Silent Years: An Autobiography with Memoirs of James Joyce and Our Ireland* (New York, 1953). Das Gespräch fand in Byrnes Wohnung in der Eccles Street Nr. 7 statt, dem Haus, das Joyce im *Ulysses* den Blooms zuweist.

2 Joyces Schwester Eva (1891-1957), die ihn nach Triest begleitete und bis Ende Juli 1911 dort blieb.

3 Die Veröffentlichung der *Dubliner* bei Maunsel & Co. sollte sich lange verzögern, und schließlich weigerte sich der Verleger, den Vertrag einzuhalten, und die bestehenden Druckbogen wurden 1912 vernichtet (s. *Materialien zu James Joyces ›Dubliner‹*, S. 101 ff.).

4 Byrne deutete Joyce gegenüber an, daß Cosgrave und Gogarty unter einer Decke steckten, um Joyces eheliches Verhältnis zu zerstören.

5 General Post Office, das Hauptpostamt in O'Connell Street.

6 *Chamber Music* XXXIV.
(Mein Kuß wird Frieden nun / Und Ruhe deinem Herzen geben. / Schlaf du in Frieden nun, / O du unruhig Herz.)

21. August 1909

1 *Chamber Music* XXVIII, XXVI.

2 ›Ich wollt, es wär so.‹

22. August 1909

1 *Dubliner* S. 220.

26. August 1909

1 Auf der Karte waren Ansichten von Galway, die St. Ignatius Church, der Claddagh, Salthill, die Claddagh Church (von innen) und Menlo Castle.

2 Joyce hatte diese Ballade oder Teile davon zuerst von Nora gehört. Sie beeindruckte ihn so sehr, daß er in den ›Toten‹ an zentraler Stelle auf sie zurückgriff. Es geht darum, daß eine Frau, die von Lord Gregory verführt und verlassen worden war, im Regen, ihr Kind im Arm, zu seinem Haus kommt und um Einlaß bittet. Drei der Strophen lauten etwa folgendermaßen:

If you'll be the lass of Aughrim
As I am taking you mean to be
Tell me the first token
That passed between you and me.

O don't you remember
That night on yon lean hill
When we both met together
Which I am sorry now to tell.

The rain falls on my yellow locks
And the dew it wets my skin;

My babe lies cold within my arms;
Lord Gregory, let me in.

(Wenn du die Dirn von Aughrim bist, / Die du zu sein begehrst, / So sag das erste Pfand mir an, / Das zwischen uns getauscht.
Ach denkt Ihr nimmermehr der Nacht / Dort drüben auf dem Berge, / Wo wir uns zusammenfanden, / Was mich jetzt gar betrübt.
Der Regen fällt auf mein blondes Haar, / Der Tau netzt meine Haut; / Mein Kind, es liegt so kalt mir im Arm, / Herr Gregory, laßt mich ein.)

31. August 1909

1 Der Brief ist auf blumig gemustertem Papier geschrieben.

2 Ähnlich in *A Portrait of the Artist as a Young Man* (London 1964), S. 177; (New York 1964), S. 172-3.

2. September 1909

1 Von Joyce irrtümlich 2. *Oktober* 1909 datiert.

2 Dieser Brief existiert nicht mehr.

3. September 1909

1 *Chamber Music* IX.

2 S. Abbildung 4.

5. Sept. 1909

1 Thomas Michael Kettle (1880-1916) war während Joy-

ces Zeit am University College Dublin einer der begabtesten Studenten dort. Er war 1906-10 Parlamentsabgeordneter (M. P.) für East Tyrone und seit 1909 Professor an der National University of Ireland. Er meldete sich während des Ersten Weltkrieges freiwillig und fiel.

2 Als Dank für Kettles lobende Besprechung dieses Buches im *Freeman's Journal* vom 1. Juni 1907.

3 Wahrscheinlich Enrico Schott, ein damals in Triest lebender Musikmäzen und Freund von Ettore Schmitz. Daß Gustav Mahler 1904 und 1906 in Triest Konzerte gab, war Schott zu verdanken. Joyce hoffte vielleicht, Schott würde einige Gedichte von *Chamber Music* vertonen und singen lassen.

4 Am Ende des zweitletzten Kapitels von *Ulysses* (»Ithaka«) nimmt Bloom eine ähnliche Stellung ein: » . . . der müde Kindmensch, das Menschkind im Leibe«. Das Kapitel endet mit einem übergroßen schwarzen Punkt – dem Dunkel. (*Ulysses* S. 756)

7. September 1909

1 Ein Satz ist ausgelassen.

2 Miramare ist ein 1854–56 von Erzherzog Maximilian im normannischen Stil erbautes Marmorschloß bei Triest.

3 Von August 1906 bis März 1907 war Joyce mit seiner Familie in Rom und arbeitete als Angestellter bei einer Bank. Der Römer Aufenthalt behagte ihm nicht.

4 *Chamber Music* VI.
In jenem süßen Busen möcht ich sein / (Er ist so süß, er ist

so rein!) / Wo mich kein rauher Wind erreicht. / Da's traurig ist, sich zu kastein, / Möcht ich in jenem süßen Busen sein.
In jenem Herzen möcht ich immer sein / (Sanft klopf ich an und dränge sanft!) / Wo Frieden nur ich finden könnt./ Sich zu kastein wär umso süßer, / Könnt immer ich in jenem Herzen sein.

7. September 1909 (II)

1 Amalija Globocnik war in Pola und dann in Triest freundschaftlich mit der Familie Joyce verbunden und stand Nora gelegentlich bei.

2 In den Halluzinationen des Circe-Kapitels bringt Leopold Bloom acht Kinder zur Welt (*Ulysses* S. 532).

3 Die gleiche Wendung braucht Molly auf Bloom bezogen, auch im Zusammenhang mit einem Geschenk: »... ich will ihm sagen daß ich Unterkleider kaufen muß und wenn er mir das dann gibt nun dann ist er nicht so schlecht...« (*Ulysses* S. 808).

20. Oktober 1909

1 Joyce war mit Giorgio und der Schwester Eva am 13. September in Triest angelangt, doch am 18. Oktober machte er sich, diesmal allein, wieder auf den Weg nach Dublin, um in Dublin für das Triestiner Unternehmen Cinematograph Volta ein Filmtheater aufzuziehen. Seine Partner aus Triest sollten nachkommen.

2 Wohl Paolo Latzer, der bei Joyce Privatstunden nahm. Seine Familie war ein paar Jahre früher aus Graz nach Triest gezogen.

25. Oktober 1909

1 ›Der Mann hat den Kopf noch nicht draufgesetzt.‹

2 Im 2. Akt.

27. Oktober 1909

1 Entweder *Sweet Lavender* im Gaiety Theatre oder *The Still Alarm* im Queen's Theatre.

2 Vgl. S. 17

3 Marmelade.

4 Jules Massenet, *Werther* (1892).

5 In Wirklichkeit der ›Mayo Love Song‹, Text von Alice L. Milligan, Musik von C. Milligan Fox (in Charlotte Milligan Fox, *Four Irish Songs*, Dublin, Maunsel, o. J., etwa 1909). Die beiden folgenden Zeilen lauten:

> To where its purple glens enfold you
> As glooming heavens that hold a star ...

(Die ganze Stelle lautet deutsch: ›Wie weit es ist, wie weit es ist / nach Connemara, wo du bist, / Wo Purpurtäler dich umhüllen / Wie düstrer Himmel einen Stern ...‹)

6 In kritischen Zeiten seiner Beziehungen zu Nora, wie später, als Lucias Geisteskrankheit sich deutlicher abzeichnete, glaubte Joyce immer wieder an die Wirksamkeit eines Geschenks aus Pelz.

1. November 1909

1 Das in Leder gebundene Buch enthält 40 Pergamentseiten, 18 x 23,5 cm, mit dem Monogramm »N.J.« und dem

Familienwappen der Joyce. Alle 36 Gedichte von *Chamber Music* sind in Joyces sorgfältigster Reinschrift abgeschrieben, mit einer Widmung:

»Meinem Liebling
Nora
Weihnachten 1909«

Auf einer anderen Seite steht der Zusatz:
»Diese Abschrift meiner Gedichte wurde von mir in Dublin hergestellt und am 11. November des Jahres 1909 beendigt.«

2 Die andern bestehenden Mss der Gedichte wurden nicht verbrannt, einzelne davon finden sich in den Sammlungen der Universitäten Yale und Cornell.

3 ›Das Herze töten Tränen, glaub's. / Oh eifre nicht, in Klagen groß zu sein, / Der Schönheit Tod wird ihre Frucht nur sein.‹ Aus John Dowlands ›I saw my lady weep‹ in seinem *Second Books of Songs or Ayres* (1600).

4 Wahrscheinlich eine leichte Ansteckung durch eine Prostituierte.

5 ›Ich komme sofort.‹

2. November 1909

1 In diesem Brief von Triest versetzt sich Nora scherzhaft in die Zeit von 1904 zurück und erwähnt auch die Handschuhe, die ihr Joyce damals geschenkt hatte (s. Brief vom 21. Juli 1904).

18. November 1909

1 Der Joyce-Haushalt in Triest war in arger Bedrängnis

durch Schulden und Forderungen des Hausmeisters, den Joyce durch strategische Anweisungen an Stanislaus hinzuhalten riet. »Diese Anweisungen wirkten auch recht gut, aber Noras Stimmung befand sich begreiflicherweise auf dem Nullpunkt. Sie schrieb Joyce, sie könne diesen Zustand der Trennung und die Drohung, auf die Straße gesetzt zu werden, nicht mehr länger ertragen« (Ellmann, *James Joyce*, S. 304).

22. November 1909

1 Vgl. den Brief von Martha Clifford an Leopold Bloom in *Ulysses* (S. 90-91).

2 Vorliebe für Unterwäsche wird im Nausikaa-Kapitel von *Ulysses* Gerty MacDowell zugeschrieben, die davon »vier nette Garnituren« besitzt (S. 394).

27. November 1909

1 Die Partner des Cinematograph Volta beabsichtigten, auch in Belfast und Cork Kinos einzurichten.

2. Dezember 1909

1 Vgl. den Brief vom 19. November. Im ersten Akt von *Verbannte* nennt Robert Hand Bertha »eine wilde Blume, die in einer Hecke blüht« (S. 26).

2 Das Satzende ist ausgelassen.

3 Drei Sätze sind ausgelassen.

4 Zwei Sätze sind ausgelassen.

5 Die Klammer ist ausgelassen. Die obszönen Stellen dieses Briefs werden von Darcy O'Brien in *The Conscience of James Joyce* (Princeton, 1968) umschrieben und kommentiert (S. 47-49).

3. Dezember 1909

1 Das Ende des Satzes ist ausgelassen.

2 Eine längere Stelle (25 Sätze) ist ausgelassen.

6. Dezember 1909

1 8 Sätze sind ausgelassen.

2 »Genug für heute abend!«

10. Dezember 1909

1 Zwei Briefe von Joyce an Nora, vom 8. und 9. Dezember, sind ganz ausgelassen. Aus ihnen geht hervor, daß Nora seine Briefe auf ähnliche Weise beantwortete und ihre eigenen noch »schlimmer« als die seinen nannte.

11. Dezember 1909

1 Ähnlich äußert sich Molly Bloom über die Männer: »the brutes [Tiere] of men« (in der alten Übersetzung etwas verwässert zu »die blöden Kerle«, in *Ulysses* S. 778); und in dem parodierenden Stil des Nausikaa-Kapitels heißt es von Bloom: »What a brute he had been!« (»Welcher Rohling war er gewesen!«, *Ulysses* S. 413).

2 Outerard, Dorf nördlich von Galway, Provinz Connacht, wo in den »Toten« der frühere scheue Liebhaber von Gretta Conroy begraben liegt (*Dubliner* S. 227).

?13. Dezember 1909

1 3 Sätze sind ausgelassen.

2 Vgl. *Ulysses* S. 808.

15. Dezember 1909

1 Joyce wollte von den Sorgen des Triestiner Haushaltes, der fast ohne Geld auszukommen hatte, nichts hören und stellte Stanislaus seine eigenen Enttäuschungen in Dublin gegenüber.

2 9 Sätze sind ausgelassen.

3 Im *Ulysses* steht *»Zu Bett, zu Bett«* (S. 443) als Zitat aus Beaumont und Fletchers *The Maid's Tragedy.*

16. Dezember 1909

1 Ein langer Absatz ist ausgelassen.

2 Am 20. Dezember wurde das Kino »Volta« an der Mary Street in Dublin eröffnet. Das Unternehmen hielt sich jedoch nicht lange und schloß mit geschäftlichem Mißerfolg.

3 ›Die Kinder, das Feuer, ein gutes Essen, einen schwarzen Kaffee, eine Brasil.‹

4 Keine Auslassung, die Punkte sind von Joyce.

20. Dezember 1909

1 13 Sätze sind ausgelassen.

2 Joyces Schwester Eileen (geb. 1889). Joyce brachte sie mit nach Dublin, und sie blieb bei der Familie, bis sie 1915 Frantisek Schaurek heiratete.

3 Das Wort ›Huren‹ (›whores‹) ist von Joyce fortgelassen.

4 Sauerkraut.

5 Schmorfleisch mit Makkaroni.

6 Nougat.

7 Ein Triestiner Ostergebäck.

8 Ein Maisgericht.

9 Keine Auslassung, Joyce bricht hier ab.

22. Dezember 1909

1 Das gebundene Manuskript von *Chamber Music.*

23. Dezember 1909

1 Eine Reklametafel auf dem Dach des *Piccolo*-Gebäudes zeigte die obere Hälfte eines großen Mannes mit erhobener Hand und ausgestrecktem Zeigefinger, der die Passanten auffordert, eine bestimmte Sorte Papier zum Zigarettendrehen zu verwenden.

2 Nora Joyce hatte ihm damit gedroht, ihn zu verlassen.

24. Dezember 1909

1 ›Denk an mich an jenem glücklichen Tag.‹ Jules Massenet, *Werther.*

2 Giuseppe Caris, einer von Joyces Partnern in dem Volta-Unternehmen.

3 Eine Anspielung auf die Arie ›Un bel di‹ in Puccinis *Madame Butterfly*, 2. Akt.

26. Dezember 1909

1 Aus Mandelmasse hergestellte Weihnachtssüßigkeiten.

11. Juli 1912

1 Anfangs Juli war Nora mit Lucia nach Irland gefahren, um nach achtjähriger Abwesenheit ihre Verwandten in Galway wiederzusehen. Sie trafen am 8. Juli in Dublin ein. Joyce war mit Giorgio in Triest geblieben. Er und Nora hofften, ihr begüterter Onkel Michael Healy würde etwas dazu beitragen, daß sich die ganze Familie Ferien in Irland erlauben könne.

2 Joyces Bruder Charles Patrick Joyce (1886-1941).

3 Joyces Schwester Florence Elizabeth (geb. 1892).

4 Es war vorgesehen, daß sich Nora bei Roberts, dem Geschäftsführer von Maunsel & Co., dafür einsetzen würde, daß die verzögerte Veröffentlichung von *Dubliner* endlich beschleunigt würde.

14. August 1912

1 Michael Healy.

2 Die Schwester Mary Kathleen (»May«) Joyce (später Monaghan; 1890-1966).

3 William Murray, Joyces Onkel mütterlicherseits.

17. August 1912

1 Nora war in Galway zurückgeblieben, als sich Joyce zur endgültigen Auseinandersetzung mit Roberts nach Dublin aufmachte.

19. August 1912

1 Nicht identifizierte Personen. Mit dem »Pfäffchen« könnte der Hilfsgeistliche in Galway gemeint sein, über den Joyce an Stanislaus berichtete: »Als sie sechzehn war, fand ein Hilfsgeistlicher in Galway Gefallen an ihr: Tee im Pfarrhaus, Plauderstündchen, Vertraulichkeit. Er war ein netter junger Mann mit schwarzen, lockigen Haaren auf dem Kopf. Eines Abends beim Tee nahm er sie auf seinen Schoß und sagte, er hätte sie gern, sie wäre ein nettes kleines Mädchen. Dann faßte er sie unters Kleid, das ziemlich kurz war. Sie aber, so höre ich, rannte davon ...« (Brief vom 3. Dezember 1904, *Briefe I*, S. 168–9).

21. August 1912

1 George Lidwell, ein Dubliner Rechtsanwalt, den Joyce beigezogen hatte, um die Veröffentlichung von *Dubliner* zu erwirken. Der beigelegte Brief sollte den Verleger darüber beruhigen, daß das Buch für ihn keine gerichtlichen Folgen haben würde. (S. *Materialien zu James Joyces ›Dubliner‹*, S. 111.) George Lidwell tritt im *Ulysses* unter seinem eigenen Namen auf.

2 »Im jungfräulichen Schoße der Imagination ward das Wort Fleisch«, *A Portrait of the Artist as a Young Man*, S. 221 (217).

3 Fälschlich für »Povero me!« (»Ich Armer«).

4 Vgl. Molly Bloom im Konzert (*Ulysses* S. 320).

22. August 1912

1 Stephen Dedalus schreibt am Schluß des *Portrait* in sein Tagebuch: »Willkommen, Leben! Als Millionster zieh ich aus, um die Wirklichkeit der Erfahrung zu finden und in der Schmiede meiner Seele das ungeschaffne Gewissen meines Volkes zu schmieden.«

2 Todd, Burns & Co., Warenhaus und Kleidergeschäft in Dublin, wo May Joyce beschäftigt war.

23. August 1912

1 North Circular Road.

1. August 1917

1 Ende Juni 1915 war Joyce mit seiner Familie nach Zürich gekommen und dort geblieben. 1917 zeigten sich die ersten Anzeichen von grünem Star und einem Netzhautleiden (später folgten schwere Anfälle und schließlich eine Reihe von Operationen). Ein Arzt riet Joyce, den Winter im südlichen Locarno zu verbringen. Da Nora ebenfalls unter dem Zürcher Klima gelitten hatte, schickte er sie und die Kinder in der Absicht voraus, später nachzukommen.

2 Daisy Sykes (geb. Race), Frau von Claud W. Sykes, einem Schauspieler, der während dem ersten Weltkrieg in Zürich wohnte. Joyce und die Sykes gründeten 1918 die *English Players*, um englische und irische Stücke aufzuführen.

3 Joyce half Nora jeweils bei ihrer Korrespondenz.

4. August 1917

1 Fünfzig Pfund waren ihm anonym von Harriet Shaw Weaver (1876-1961), der lebenslangen Gönnerin, überwiesen worden.

10. August 1917

1 Joyce hatte zeitlebens große Angst vor Gewittern.

12. August 1917

1 Ende 1916 war, nach vielfältigen Schwierigkeiten, der Roman *A Portrait of the Artist as a Young Man* in New York herausgekommen. Eine englische Ausgabe erschien auf Initiative von Harriet Shaw Weaver im Februar 1917 bei The Egoist Ltd, London.

15. August 1917

1 Joyce erwartete Geld für das Ms von *Exiles (Verbannte)*, das er dem amerikanischen Rechtsanwalt John Quinn (1870–1924) geschickt hatte. Quinn war Sammler und Mäzen, der sich für junge Schriftsteller einsetzte.

April 1922

1 Nora hatte gegen den Willen von Joyce darauf bestanden, mit den Kindern nach Irland zu gehen. Nach der Veröffentlichung des *Ulysses* im Februar 1922 (Shakespeare and Company, Paris) und wegen der Spenden von Harriet Weaver konnten sie sich eine Reise leisten. Nora scheint gedroht zu haben, überhaupt nicht mehr zurückzukehren. In Galway bat sie telegraphisch um Geld.

2 Sylvia Beach, amerikanische Buchhändlerin in Paris, die den *Ulysses* auf eigene Initiative verlegte, als sich die Veröffentlichung sonst als unmöglich erwies. Ihr Laden, Treffpunkt vieler Schriftsteller, befand sich an der Rue de l'Odéon 12.

3 In Irland war unterdessen der Bürgerkrieg ausgebrochen, und die Kämpfe veranlaßten Nora und die Kinder zur Rückkehr nach Paris gegen Ende April.

5. Januar 1924

1 Das Datum läßt sich daraus erschließen, daß die vierte Auflage des *Ulysses,* die im Januar 1924 erschien, die erste war, die eine eingebundene Liste mit Druckfehlern enthielt.

2 Joyce hatte das erste Exemplar des *Ulysses* von 1922, dessen Auflage auf 1000 beschränkt war, Nora gewidmet. Die Ausgabe enthielt übermäßig viele Druckfehler. Nora hat das Buch nie gelesen. Joyce hoffte, sie würde jetzt zugänglicher sein. Sie war es nicht.

Verzeichnis der Abbildungen (Seite 133–144)

Bibliothek Suhrkamp

Verzeichnis der letzten Nummern

487 Hans-Georg Gadamer, Vernunft im Zeitalter der Wissenschaft
488 Yukio Mishima, Nach dem Bankett
489 Thomas Bernhard, Amras
490 Robert Walser, Der Gehülfe
491 Patricia Highsmith, Als die Flotte im Hafen lag
492 Julien Green, Der Geisterseher
493 Stefan Zweig, Die Monotonisierung der Welt
494 Samuel Beckett, That Time/Damals
495 Thomas Bernhard, Die Berühmten
496 Günter Eich, Marionettenspiele
497 August Strindberg, Am offenen Meer
498 Joseph Roth, Die Legende vom heiligen Trinker
499 Hermann Lenz, Dame und Scharfrichter
500 Wolfgang Koeppen, Jugend
501 Andrej Belyj, Petersburg
503 Cortázar, Geschichten der Cronopien und Famen
504 Juan Rulfo, Der Llano in Flammen
505 Carlos Fuentes, Zwei Novellen
506 Augusto Roa Bastos, Menschensohn
508 Alejo Carpentier, Barockkonzert
509 Elisabeth Borchers, Gedichte
510 Jurek Becker, Jakob der Lügner
512 James Joyce, Die Toten/The Dead
513 August Strindberg, Fräulein Julie
514 Sigmund Freud, Eine Kindheitserinnerung des Leonardo da Vinci
515 Robert Walser, Jakob von Gunten
517 Luigi Pirandello, Mattia Pascal
519 Rainer Maria Rilke, Gedichte an die Nacht
520 Else Lasker-Schüler, Mein Herz
521 Marcel Schwob, 22 Lebensläufe
522 Mircea Eliade, Die Pelerine
523 Hans Erich Nossack, Der Untergang
524 Jerzy Andrzejewski, Jetzt kommt über dich das Ende
525 Günter Eich, Aus dem Chinesischen
526 Gustaf Gründgens, Wirklichkeit des Theaters
527 Martin Walser, Ehen in Philippsburg
528 René Schickele, Die Flaschenpost
529 Flann O'Brien, Das Barmen
533 Wolfgang Hildesheimer, Biosphärenklänge
534 Ingeborg Bachmann, Malina
535 Ludwig Wittgenstein, Vermischte Bemerkungen
536 Zbigniew Herbert, Ein Barbar in einem Garten

537 Rainer Maria Rilke, Ewald Tragy
538 Robert Walser, Die Rose
539 Malcolm Lowry, Die letzte Adresse
540 Boris Vian, Die Gischt der Tage
541 Hermann Hesse, Josef Knechts Lebensläufe
542 Hermann Hesse, Magie des Buches
543 Hermann Lenz, Spiegelhütte
544 Federico García Lorca, Gedichte
545 Ricarda Huch, Der letzte Sommer
546 Wilhelm Lehmann, Gedichte
547 Walter Benjamin, Deutsche Menschen
548 Bohumil Hrabal, Tanzstunden für Erwachsene und Fortgeschrittene
549 Nelly Sachs, Gedichte
550 Ernst Penzoldt, Kleiner Erdenwurm
551 Octavio Paz, Gedichte
552 Luigi Pirandello, Einer, Keiner, Hunderttausend
553 Strindberg, Traumspiel
554 Carl Seelig, Wanderungen mit Robert Walser
555 Gershom Scholem, Von Berlin nach Jerusalem
556 Thomas Bernhard, Immanuel Kant
557 Ludwig Hohl, Varia
559 Raymond Roussel, Locus Solus
560 Jean Gebser, Rilke und Spanien
561 Stanisław Lem, Die Maske · Herr F.
562 Raymond Chandler, Straßenbekanntschaft Noon Street
563 Konstantin Paustowskij, Erzählungen vom Leben
564 Rudolf Kassner, Zahl und Gesicht
565 Hugo von Hofmannsthal, Das Salzburger große Welttheater
567 Siegfried Kracauer, Georg
568 Valery Larbaud, Glückliche Liebende . . .
570 Graciliano Ramos, Angst
571 Karl Kraus, Über die Sprache
572 Rudolf Alexander Schröder, Ausgewählte Gedichte
573 Hans Carossa, Rumänisches Tagebuch
574 Marcel Proust, Combray
575 Theodor W. Adorno, Berg
576 Vladislav Vančura, Der Bäcker Jan Marhoul
577 Mircea Eliade, Die drei Grazien
578 Georg Kaiser, Villa Aurea
579 Gertrude Stein, Zarte Knöpfe
580 Elias Canetti, Aufzeichnungen
581 Max Frisch, Montauk
582 Samuel Beckett, Um abermals zu enden
583 Mao Tse-tung, 39 Gedichte
584 Ernst Kreuder, Die Gesellschaft vom Dachboden
585 Peter Weiss, Der Schatten des Körpers des Kutschers

586 Herman Bang, Das weiße Haus
587 Herman Bang, Das graue Haus
588 Hermann Broch, Menschenrecht und Demokratie
589 D. H. Lawrence, Auferstehungsgeschichte
590 O'Brien, Zwei Vögel beim Schwimmen
591 André Gide, Die Rückkehr des verlorenen Sohnes
592 Jean Gebser, Lorca oder das Reich der Mütter
593 Robert Walser, Der Spaziergang
594 Natalia Ginzburg, Caro Michele
595 Raquel de Queiroz, Das Jahr 15
596 Hans Carossa, Ausgewählte Gedichte
597 Mircea Eliade, Der Hundertjährige
599 Hans Mayer, Doktor Faust und Don Juan
600 Thomas Bernhard, Ja
601 Marcel Proust, Der Gleichgültige
602 Hans Magnus Enzensberger, Mausoleum
603 Stanisław Lem, Golem XIV
604 Max Frisch, Der Traum des Apothekers von Locarno
605 Ludwig Hohl, Vom Arbeiten · Bild
606 Herman Bang, Exzentrische Existenzen
607 Guillaume Apollinaire, Bestiarium
608 Hermann Hesse, Klingsors letzter Sommer
609 René Schickele, Die Witwe Bosca
610 Machado de Assis, Der Irrenarzt
611 Wladimir Trendrjakow, Die Nacht nach der Entlassung
612 Peter Handke, Die Angst des Tormanns beim Elfmeter
613 André Gide, Die Aufzeichnungen und Gedichte des André Walter
614 Bernhard Guttmann, Das alte Ohr
616 Ludwig Wittgenstein, Bemerkungen über die Farben
617 Paul Nizon, Stolz
618 Alexander Lernet-Holenia, Die Auferstehung des Maltravers
619 Jean Tardieu, Mein imaginäres Museum
620 Arno Holz/Johannes Schlaf, Papa Hamlet
621 Hans Erich Nossack, Vier Etüden
622 Reinhold Schneider, Las Casas vor Karl V.
624 Ludwig Hohl, Bergfahrt
627 Vladimir Nabokov, Lushins Verteidigung
628 Donald Barthelme, Komm wieder Dr. Caligari
629 Louis Aragon, Libertinage, die Ausschweifung
630 Ödön von Horváth, Sechsunddreißig Stunden
631 Bernard Shaw, Sozialismus für Millionäre
633 Lloyd deMause, Über die Geschichte der Kindheit
634 Rainer Maria Rilke, Die Sonette an Orpheus
635 Aldous Huxley, Das Lächeln der Gioconda
637 Wolf von Niebelschütz, Über Dichtung
645 Marie Luise Kaschnitz, Beschreibung eines Dorfes
646 Thomas Bernhard, Der Weltverbesserer

Bibliothek Suhrkamp

Alphabetisches Verzeichnis

Bibliothek Suhrkamp
Klassiker der Moderne

Adorno · Aitmatow · Alain · Alain-Fournier · Alberti · Anderson · Andrić · Andrzejewski · Appollinaire · Aragon · Arghezi · Artmann · Asturias · Bachmann · Ball · Bang · Barnes · Baroja · Barthelme · Barthes · Baudelaire · Becher · Jurek Becker · Beckett · Belyj · Benjamin · Benn · Bernhard · Bibesco · Bioy Casares · Blixen · Bloch · Block · Bond · Borchers · Brecht · Breton · Broch · Brudziński · Busoni · Camus · Canetti · Capote · Carossa · Carpentier · Celan · Chandler · Cocteau · Conrad · Cortázar · Curtius · Döblin · Duras · Ehrenburg · Eich · Einstein · Eliade · Eliot · Enzensberger · Faulkner · Fitzgerald · Fleißer · Freud · Frisch · Fuentes · Gadamer · Gadda · Gebser · Gide · Ginzburg · Gorki · Julien Green · Gründgens · Guillén · Habermas · Haecker · Hamsun · Hašek · Heimpel · Hemingway · Herbert · Hermlin · Hesse · Highsmith · Hildesheimer · Hofmannsthal · Hohl · Horkheimer · Horváth · Hrabal · Huch · Huchel · Hughes · Huxley · Inoue · Jacob · James · Jouve · Joyce · Kästner · Kafka · Kaiser · Kasack · Kasakow · Kaschnitz · Kassner · Kawabata · Kawerin · Koeppen · Kołakowski · Kolář · Kracauer · Kraft · Kraus · Kreuder · Krolow · Kudszus · Lampe · Lampedusa · Landolfi · Landsberg · Larbaud · Lasker-Schüler · Lawrence · Lehmann · Leiris · Lem · Hermann Lenz · Levin · Loerke · Lorca · Lowry · Lucebert · Machado de Assis · Majakowskij · Heinrich Mann · Thomas Mann · Mao Tse-tung · Marcuse · de Mause · Maurois · Mayer · Mayoux · Michaux · Henry Miller · Minder · Mishima · Mitscherlich · Musil · Neruda · Nabokov · Niebelschütz · Nizan · Nizon · Nossack · Nowaczyński · O'Brien · Olescha · Onetti · Palinurus · Pasternak · Paustowski · Pavese · Paz · Penzoldt · Piaget · Pirandello · Plath · Platonov · Ponge · Portmann · Pound · Proust · Queiroz · Queneau · Radiguet · Ramos · Ramuz · Rilke · Ritter · Roa Bastos · Roditi · Roth · Roussel · Rulfo · Sachs · Sarraute · Sartre · Schadewaldt · Schickele · Scholem · Scholem-Alejchem · Schröder · Schulz · Schwob · Seelig · Seghers · Sender · Shaw · Simon · Solschenizyn · Stein · Strindberg · Suhrkamp · Svevo · Szaniawski · Szondi · Tendrjakow · Thoor · Tomasi de Lampedusa · Trakl · Ungaretti · Valéry · Valle-Inclán · Vallejo · Vančura · Vargas Llosa · Vian · Vittorini · Martin Walser · Robert Walser · Waugh · Weiss · Wilde · Williams · Wittgenstein · Woolf · Yeats · Zimmer · Stefan Zweig

Bibliothek Suhrkamp Poesie

Poesie heißt der thematische Gesichtspunkt, unter dem der Buchhandel im Mai 1979 sechsundvierzig Gedichtbücher in der Bibliothek Suhrkamp vorstellt. Gedichte von Alberti, Apollinaire, Artmann, Becher, Borchers, Brecht, Carossa, Celan, Eich, Eliot, Enzensberger, García Lorca, Guillén, Herbert, Hesse, Hofmannsthal, Huchel, Kaschnitz, Krolow, Lehmann, Loerke, Lucebert, Majakowski, Mao Tse-tung, Neruda, Paz, Plath, Rilke, Sachs, Schröder, Thoor, Trakl, Ungaretti, Vallejo, Williams.

›Poesie‹ heißt auch der Sonderband mit einer Auswahl aus diesen Gedichtbüchern.

»Sie hat keine Konkurrenz, diese Bibliothek Suhrkamp. Mit ihren nunmehr sechshundert Bänden ist sie ein imaginäres Forum der geistigen und musischen Pluralität dieses ganzen Jahrhunderts. Hier begegnen sich der Geist der Unruhe und der Harmonie, der Musik und der Dichtung, der Metaphysik und der Ratio.« *Egbert Hoehl*

Fragen Sie Ihren Buchhändler nach dem Prospekt Bibliothek Suhrkamp »Poesie«.